'26 年版

こう動く!

就職活動オールガイド

成美堂出版

就職活動の大まかな流れ

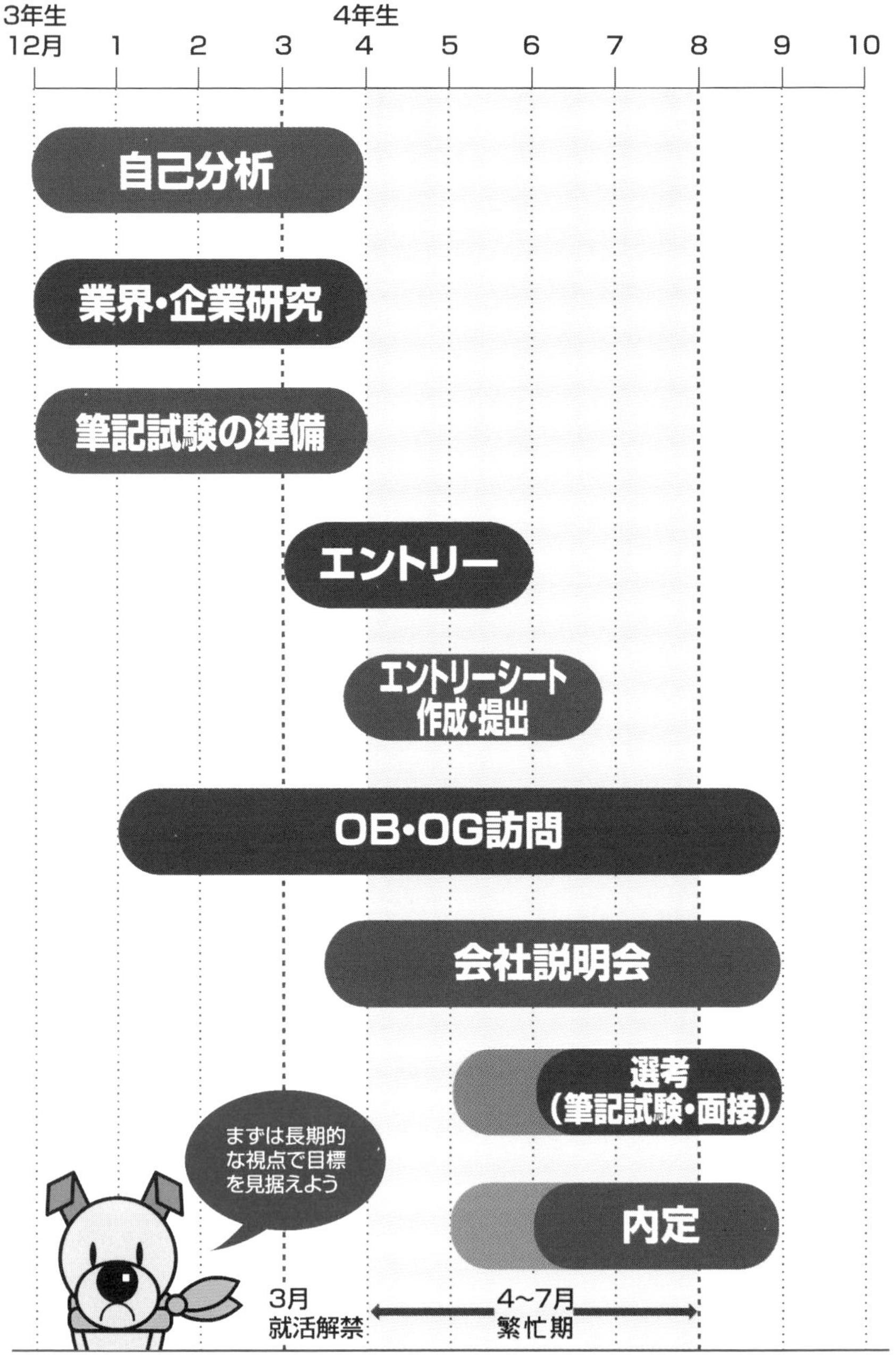

就職活動の流れとポイント

就職ガイダンス（→56ページ〜）

- 3年生になったら、キャリアセンター（就職課）の掲示板に注意。
- 就職状況の説明、就職活動の進め方の指導などが行われる。

自己分析（→26ページ〜）

- 自分は何がしたいのか、将来像を描く。
- 自分には何ができるのかをふりかえる。
- 夢の実現に必要な条件を考える。

情報収集（→40ページ〜）

- 業界（企業）研究を進める。
- インターネット上の就職サイトへ登録。
- 会社案内などの資料請求をする。
- OB・OG訪問をする。

エントリー（→82ページ〜）

- エントリーシートなどの応募書類を入手。
- エントリーシートにはどんな形式があるかを知っておく。
- 自己PR、志望動機を具体的に書けるようにしておく。
- インターネットでのWebエントリーもある。

会社説明会（→120ページ〜）

- 就職サイトなどから開催情報を集める。
- 筆記試験や面接が行われる場合もある。
- 予約を確実にとる。

筆記試験（→146ページ〜）

- SPI3などの適性検査に慣れておく。
- ふだんから時事問題に関心をもつ。
- 国語、数学、理科、英語、社会などの基本教科の復習。

面接（→166ページ〜）

- 面接にはどんな形式があるかを知っておく。
- 自己PR、志望動機を口頭で述べられるよう練習する。

内定（→208ページ〜）

- 重複内定の場合の辞退のしかたに気をつける。

'26-'27 就活最前線

■対面での採用活動が増えても、就活の本質は変わらない

コロナ禍の影響で、新卒就活の多くがオンラインにシフトした。先輩からオンライン面接を経験した話を聞いて、どのように臨めばいいか心配している学生もいるだろう。しかし最近は、対面を重視する傾向が強くなってきている。オンラインでの選考に対して、そこまで大きな心配は不要だ。

採用面接においては、対面とオンラインを併用する企業よりも、対面のみで採用活動する企業のほうが増えている。この流れは面接に留まらず、セミナーやインターンシップにおいても同様で、対面での採用活動を増やす傾向が顕著になってきた。

オンラインでの就活が多いと、情報収集やモチベーション管理が難しくなるが、これからはオフラインでの採用活動が増えるので、そういった心配は軽減されそうだ。いずれにしろ、就活生が対策すべき項目は、今も昔も変わらない。採用方法にとらわれずに、就活の本質である自己分析や企業研究に力を入れるのが最も有効だ。

■選考スケジュールは例年通り。インターンシップ重視の傾向

新卒の就活には、多くの企業が足並みをそろえるための「就活ルール」が存在する。スケジュールの大枠として知っておこう。

・広報活動開始:3月1日以降
・採用選考開始:6月1日以降
・内定式:10月1日以降

ただし、このルールに強制力はないため、遵守しない企業もある。自分が志望する企業のスケジュールがどうなっているかは、しっかりと確認するようにしよう。

また近年、インターンシップを重視する傾向がより強まってきた。「就職・採用活動日程に関する関係省庁連絡会議」の発表によると、長期間インターンシップを経ている場合、採用選考開始を6月1日より前に行っても問題ないとのことだ。この発表を受けて企業がどれだけ反応するかは未知数だが、優秀な人材を早期に確保したい企業がこぞって長期間インターンシップでの選考に力を入れる可能性は十分にある。志望業界が決まったら、長期間インターンシップが実施されていないかは必ずチェックしよう。

人気業界の状況を知ろう

自動車

2023年は、自動運転技術の進化やエレクトリックビークル（EV）の普及が加速。日本のメーカーでは**トヨタ**がEV市場で大きな進展を遂げ、新たなシェアを獲得。今後はサステナビリティへの関心がより高まり、各社は環境に配慮した製品開発への注力が求められるだろう。

金融

メガバンクを含む金融業界は、デジタル化とフィンテックの進展に注力。「顧客体験」の向上やセキュリティ対策の強化が重要視され、新たなサービスやプロダクトの開発が盛んに行われている。地域密着型のサービスを展開する**地方銀行**では、依然として競争激化が続く。

電機

コロナ禍から続く巣ごもり需要やテクノロジーの進化により、**日立製作所**や**ソニー**、**パナソニック**などは好調な業績を記録。ハイテク製品やスマート家電への需要が拡大した。一方で、サプライチェーンの不安定さや原材料価格の変動に対するリスク管理が課題として残る。

商社

三菱商事や**伊藤忠商事**などは好調な業績を維持。再生可能エネルギーへの投資やサステナビリティへの取り組みが強化され、新たなビジネスモデルの構築が進む。今後は、グローバルな視点をもち、地政学的リスクや国際関係の変化に対応できる人材がより求められる。

広告

テレビ広告の減少から、広告代理店はデジタル広告へのシフトが加速。インターネット広告やソーシャルメディア広告が成長し、新たなマーケティング手法やテクノロジーの活用が求められている。既存の枠組みにとらわれず企画・提案できる人材がより重視されるだろう。

こう動く！　就職活動オールガイド

CONTENTS

CONTENTS

CONTENTS

CONTENTS

CONTENTS

※本書は、原則として2024年1月現在の情報を基に編集しています

第1章

就職活動のイメージをつかもう

就職活動はいつ、何から始める？

CHECK POINT

準備が早いほど就職は有利になる

- □**3年生の冬になっていない**
  就職活動の開始は早いほど有利。この本を手にしたのはいつか。
- □**何か準備を始めている**
  準備は万全に。遅くなればなるだけ、がんばりが必要だ。
- □**志望業界がある程度イメージできている**
  就職活動は数カ月で終わるため、ある程度の指針は大切。
- □**将来像を描けている**
  自分の仕事に関して、将来のヴィジョンは描けているか。

できるだけ早めに準備にとりかかろう

そろそろ就職活動を始めようと思った今は、3年生の何月になっているだろうか。

企業の説明会が始まるのは、おおよそ3年生の3月から、内定は4年生の6月から出はじめる。しかしこれは、ひとつの目安と考えよう。3年生の12月よりも前から採用活動を開始して、内定を出す企業も少なからずあるのだ。周囲の動きに合わせていたのでは、自分にとって重要な情報をとり逃してしまいかねない。早めに準備にとりかかろう。

就職活動は、会社説明会の開催と同時に始めていたのでは、ちょっと遅すぎる。説明会に参加するうえで、なぜその企業に興味をもっているのかを理解し、それを確認するつもりで参加しよう。

3つの準備が就職を有利にする

就職には早めの準備が大切だ。しかし、いったい、何から始めたらいいだろう。

答えは、まず自己分析。それから次に業界研究。そして筆記試験の準備だ。

これらを始めるのは、いつからでもかまわない。早ければ早いほど就職が有利になる。

就職活動の最初の3つの準備

まずは自己分析から始めよう

自分がどんな仕事が向いているのか、どんな職業につきたいのかをまず考えてみよう。それから、志望する業界、企業の研究だ。自分を知り、相手を知ること。これが何より大切。

■自己分析

自分はどのような人間になりたいのか。どのようなことにやりがいを感じるのか。あまり自分のことをまじめに振り返ってみたことがないなら、この機会にじっくりと見つめ直してみよう。「私って、もしかして」といったことが見つかるかも。(→第2章)

■業界研究

数少ない有名企業だけを受けて、落とされていてもしょうがない。どこでもいいから、といった気持ちで入社させてもらえるほど、甘くはない。明確な理由をもって企業を志望しないと、内定には届かない。(→第3章)

■筆記試験対策

市販の問題集を一冊とはいわず、何冊もやり、多くの問題にふれたほうがいい。(→第6章)

学生にも即戦力を求める企業が増えているのも確か。必要とわかれば、専門知識も早めに身につけたい。資格試験などの準備も早めに。

就職活動の流れをつかもう

CHECK POINT

計画的に取り組むほど内定は近づいてくる

- □**準備はすでに始めている**
  早めの準備が採否のカギを握っていることは前提として覚えておこう。
- □**就職活動の流れを覚える**
  内定までの活動の流れを頭に入れて、活動することが大切。
- □**取り組む時期を明確にする**
  時期によってやるべきことが異なるので、優先順位をつけて取り組もう。
- □**時間を確保する**
  手帳などでスケジュールを管理し、就職活動の時間を確保しよう。

就職活動は相手があってのこと

就職活動は早めに始めるのが有利なのはわかったが、闇雲に進めていても成功しない。就職活動は、企業という相手があってのこと。募集の時期や会社説明会、選考の日程など、相手とのタイミングが合わなければ、スタートラインにさえ立てなくなってしまう。

自己分析、業界研究、筆記試験の準備などをどれほどがんばってみても、タイミングを逃してしまうと、入りたい会社の入口は遠ざかっていくばかりなので気をつけよう。

そこでまずは、内定までの大まかな就職活動の流れを把握しておこう。うまく流れに乗ることが大切だ。

就職活動の流れを頭に入れる

自己分析、業界研究、筆記試験の準備は、選考がスタートする時期の遅くても6カ月前には始めたい。多くの学生にとって、それは3年生の12月だ。3月からは実際に企業にアプローチを始める。そして4年生の6月に内定をもらうといった段取りだ。大まかな流れを頭に入れておこう。

それぞれの段階で、具体的に何をやるべきかは、これから本書を読んで、確認してもらいたい。

就職活動・やるべき時期と事柄

相手があっての就職活動

自分で勝手に活動するわけにはいかない。企業の採用活動に合わせて、様々な準備をしなければならないし、対策も練らなければならない。まずは今すぐやるべきことは何か考えてみよう。

遅くとも3年生の12月には始めること

□自己分析

- 自分はどのような人間か?
- これからどのような人間になりたいのか?

□業界・企業研究

- 自分にふさわしい業界(企業)はどこか?
- 業界の展望と課題
- 志望する企業の事業内容

□筆記試験の準備

- 適性検査(SPI3)
- 一般常識
- 時事問題

□OB・OG訪問

- 会社の雰囲気
- 職場の状況
- 入社後の具体的な仕事

3月からスタートすること

□資料請求、エントリー

- メール、ハガキなどで資料請求
- 「リクナビ」など就職サイトを通じてのエントリー
- エントリーシートなど、応募書類の作成と提出

□会社説明会

- 志望する企業の現状と将来性の確認
- 雇用制度の確認
- 第一次選考のつもりで臨む

6月頃からスタートすること

□選考

- 筆記試験
- 面接

6月に目標にしたいこと

□内定

- 内定の通知
- 内定を承諾する
- ほかの内定を辞退する

選考がスタートするやいなや内定が出はじめる短期決戦。あせらずスケジュールをしっかり管理して、計画的に進めよう。

近年の就職の状況は？

CHECK POINT

まわりの動きに惑わされず行動しよう

- □**就業意欲が高い**
  大学院などへの進学という選択肢もある。進むべき道に迷いはないか。
- □**明確な志望業界がある**
  自分自身でしっかり考えたうえで、志望業界を決めよう。
- □**早めの準備が大切**
  企業の採用スケジュールも早まっているので注意しよう。
- □**人気企業は「狭き門」**
  勝ち残るためには、筆記試験や面接の対策をしっかりしておきたい。

準備に遅れをとらないようにしよう

多くの学生が内定確保を第一に考え、早くから就職活動を始めている。

まわりを見まわして、みんなのんびりかまえているようでも、惑わされてはいけない。すでに第一志望の企業から内定をもらっているのかもしれない。早めに志望企業を決めて、自分の軸をしっかりもって、まわりにふりまわされないことも大切だ。

高まる大手志向、やはり競争は激化する

ここのところ有効求人倍率は上昇し続けており、求人数も増加傾向にある。数字だけ見ると、学生にとっては有利な状況に見える。しかし、実態はそうではない。大手企業志望の学生にとっては、依然として厳しい状況といえる。

業界によって状況は異なるが、全体として学生が大手企業を求める志向性は高まり続けている。特に、大手企業の中でもより大規模な企業が好まれる傾向にあり、業界上位の企業は熾烈な競争が繰り広げられることになるだろう。

数字だけを見て就職活動を「楽勝」ととらえるのは危険。やはり、例年の先輩たちと同様に入念な準備をしたうえで、就職活動に臨む必要がある。

大学生の卒業後の就職率

懸念されるコロナ禍の影響

令和5年3月卒業の先輩たちの就職率は97.3%で、前年同期を1.5ポイント上回った。令和6年3月卒業の先輩たちの就職率はさらに回復傾向にあることがわかる。

■大学卒業後の就職率の推移（男女平均）

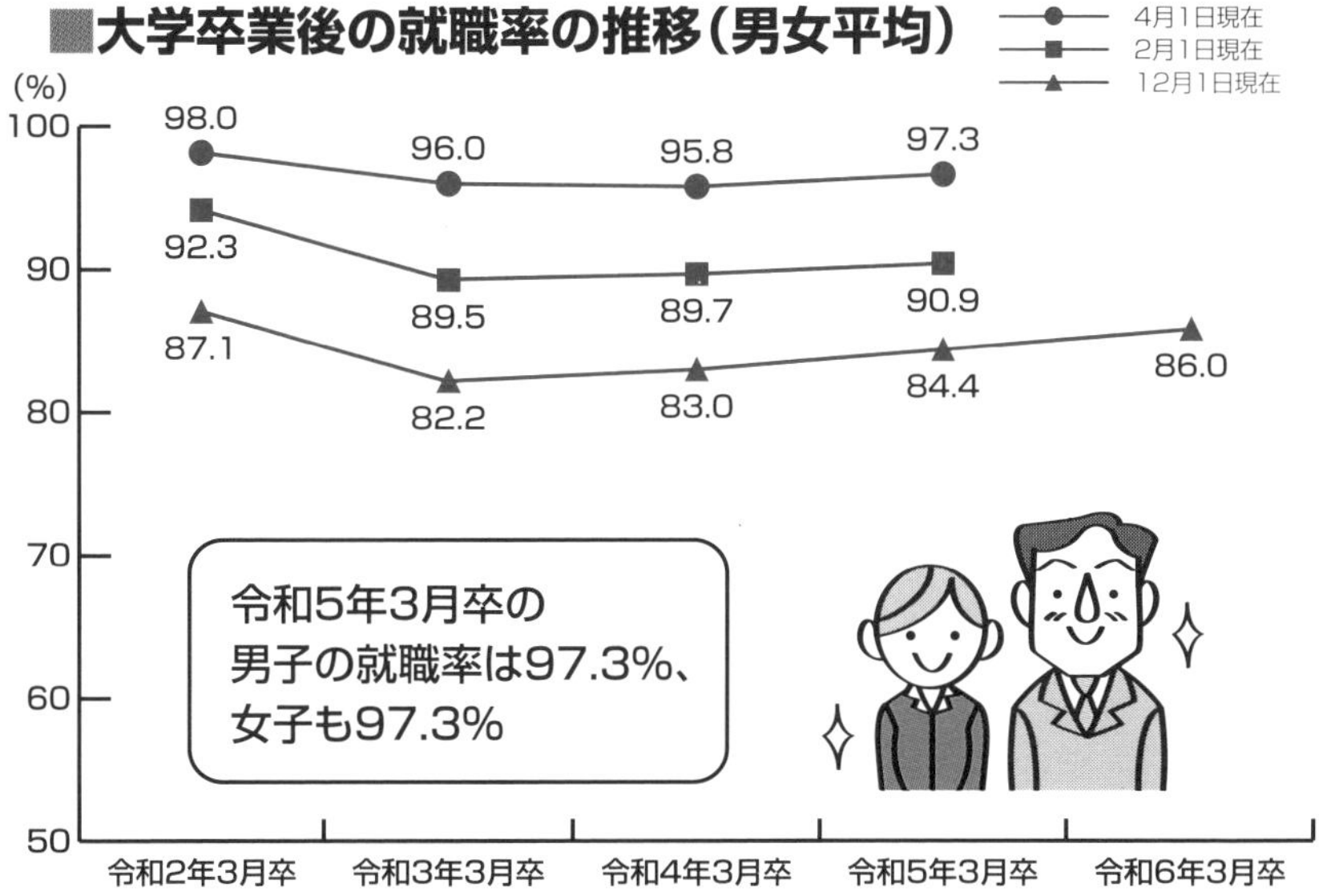

■就職希望率と就職率（令和5年3月卒）

区分		就職希望率	就職率
大学		76.8%	97.3%
うち	国公立	56.3%	97.4%
	私立	87.0%	97.2%

統計：厚生労働省・文部科学省

就職希望率が、国公立で約6割、私立で約9割なのは、就職をあきらめて留年したり、大学院へ進学したりする学生が多いことが挙げられる。

就職活動にはお金がかかる！

CHECK POINT

活動資金について事前に計画を立てよう

- □**資金計画は立っている**
  どれぐらいの額がいつ必要か、目星はついているか。
- □**目に見えない出費が多い**
  交通費や通信費など、こまごまとしたものが積み重なっている。
- □**収入源が断たれる**
  アルバイトができないほど、就職活動が忙しくなる。
- □**事前に活動資金を貯めている**
  就職活動を見越して、事前に貯金しておこう。

就職活動で貧乏にならないように

最低限必要なものを揃えるだけで、意外な出費となるのが就職活動。交通費や、情報収集などのための通信費、電話代だけでも馬鹿にならない。

スーツや靴、カバンなどを新しく買って用意しなければならないという人も、けっこうたくさんいるだろう。

就職活動が本格的になると、アルバイトをする時間もあまりなくなってしまう。親からの援助が期待できない場合にはとくに、早いうちにしっかりと活動資金を貯えておくことが大切だ。

借りられる物は借りて済まそう

そうはいっても、お金をかければ、かけた分だけ、いい就職ができるというわけではない。効率なども考えたうえで、借りてもよさそうな物なら、借りて済ませてしまってかまわない。

たとえば、パソコンを持っていないからといって、あわてて買いに急ぐことはない。大学のパソコンが使えるようになっていれば、大いに利用しよう。

また、一般的な新聞や雑誌などは、図書館で読むこともできるだろう。情報収集などでは、とくにお金をうまく節約しよう。

就職にかかる費用

ある先輩の出費はおよそ25万!

それでは、実際に、いったいどれくらいお金がかかるのだろうか? ある商社に内定が決まり就職活動を終えたA君に、就職活動で使った金額をきいてみた(価格はあくまで目安)。

■絶対に必要な物

スーツ	量販店からブランド物まで価格はピンきりだが、ワイシャツやネクタイ、靴下まで揃えるとかなりの額に。	¥50,000~
靴	スーツ同様、価格帯は広いが、会社を回るうちに履きつぶすことになり、2足は必要かも。	¥10,000~
書類カバン	革製である必要はないが、履歴書やエントリーシートを持ち歩けるサイズのもので。	¥5,000~
履歴書用紙	学校指定のものや市販のものを必要枚数。	¥300~
履歴書用の写真	応募する企業数は最低必要。	¥10,000~

■できれば持っていたい物

パソコン	ピーク時は学校のパソコンが混雑してなかなか使えないこともあるので、できれば自分専用がほしい。	¥60,000~
筆記試験対策の問題集	いろいろな種類のものが出ているが時事問題集は1冊あると便利。	¥1,000~
その他	就職に関する書籍、情報誌。	¥10,000~

■物以外でかかるお金

通信費	就職活動の期間中は、情報収集のため、また企業への連絡で、やはり大きな出費に。	¥20,000
交通費	セミナーや説明会、面接と何度となく企業に足を運ぶことになる。	¥80,000

今後の人生を大きく左右する就職活動。前々からアルバイトをするなり、親から借りるなりして、就職活動に集中できる状態を作っておこう。

公務員と掛け持ちはできる？

CHECK POINT

どちらも失敗しない早めの受験対策

- □**両立が困難な時期がある**
  就職活動の繁忙期が、公務員試験の受験で一番大変な時期。
- □**3年生の9月からの準備**
  掛け持ちしたいなら、周囲より3カ月前に準備をスタート。
- □**ダブルスクールも検討する**
  公務員予備校に通うか、通信講座を受けるのが得策。
- □**求められる人物像の把握**
  志望理由は、公務員向けのものと民間企業のものとは分けよう。

両立が困難になる冬場に備えよう

一般企業への就職活動と公務員試験の勉強を掛け持ちしたい場合は、どうすればいいのか。

企業の採用活動が本格化するのは3年生の3月から。公務員試験は2月からの申込受付が多い。最も大切な時期が重なっている。よって、就職活動も、公務員試験も、それらの準備は同時期にスタートするべきだろう。

しかし、周囲に合わせて3年生の12月からスタートしても、両方に全力を注ぐのは難しい。そこでさらに時期を早めて、9月頃から準備を始めるのがいいだろう。

公務員試験の受験対策として、公務員予備校に通ったり、通信講座を利用する学生も多い。

利益優先の観点をもって就職活動をしよう

一般企業は営利を目的として経済活動を行っている。ところが、公務員を目指す学生は、利益追求を優先する姿勢に欠けている場合も多い。安定志向ばかりが強いと、企業の求めている人材像とずれてしまう。掛け持ちをしたのはいいが、一社も受からないということになりかねない。

公務員と掛け持ちする人は、求められる人物像が違うことを事前に確認しておきたい。

公務員試験との掛け持ちのイメージ

同時に、しかも早めに準備を始める

もし掛け持ちをしたいのなら、一般企業を受けるだけの学生よりも3カ月ほど時期を早めて、9月頃から両方の準備を始めよう。遅くなりすぎると、両方とも失敗しかねない。

3年生の
9月

公務員試験の準備
(公務員予備校や通信講座)

自己分析
業界・企業研究
OB・OG訪問

1月

就職活動が忙しくなる
時期も勉強を続ける

2月

国家公務員採用試験		地方公務員採用試験
総合職 ●申込受付　2月上~2月下旬 ●試験（二次まで） 3月中旬~5月	**一般職** ●申込受付 2月下~3月下旬	**東京都・特別区** **(東京23区)の場合** ●申込受付 2月下~3月中旬 ●試験（二次／三次まで） 4~6月
●合格発表　5月下旬 *秋季に試験が実施される「教養区分」もある	●試験 6月上旬~7月 ●合格発表　8月	●合格発表 6月下旬~7月

3月

一般企業への就職活動
(エントリー、エントリーシートの作成・提出、会社説明会)

4年生の
4月

(面接、筆記試験)

5月

6月

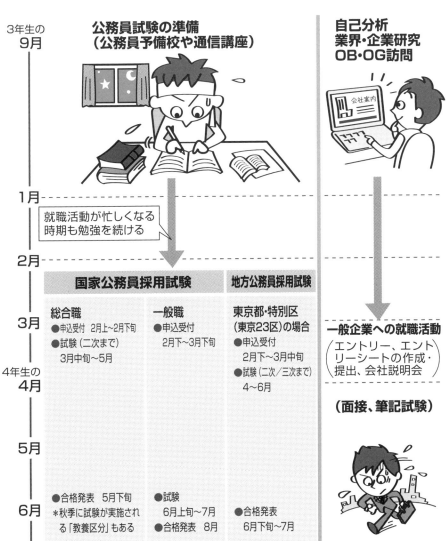

COLUMN

就職活動ノートをつくろう！

社会人になれば、どんな仕事であっても、スケジュール管理の能力は必ず要求される。企業の採用スケジュールに合わせて進められる就職活動においても、それは同じこと。スケジュール管理のために便利な道具といえば、まず思い浮かぶのがスケジュール帳だ。

業界研究セミナーや会社説明会などの日程を忘れるわけにはいかない。たまたま手もとにあった紙にメモしても、それをなくしたら、なんにもならない。さらに選考が進んでいけば、面接や筆記試験の日が重なったりするので、さらにスケジュール管理には気をつかうことになるだろう。情報収集とともに、上手な日程調整こそが、企業との接触の機会を増やすことにつながるはずだ。新しいスケジュール帳を買ってきて、これからの就職活動にそなえよう。

スケジュール帳は、書き込みスペースが充分にあるものを買っておいたほうがいいだろう。たとえば、会社訪問したときには、その日の天気をはじめ、会社の建物を見たときの印象、社員の人との会話、社内の雰囲気まで、なんでもメモしておけると便利だ。

市販のスケジュール帳も便利だが、自分なりに工夫した就職活動ノートをつくってみよう。自己分析の結果なども書いておけるし、就職活動全般において役立てることができるはずだ。

企業情報は志望先の企業ごとにまとめておくといい。会社説明会などで得た情報や、筆記試験の内容、面接での受け答えなどをその都度まとめるようにしよう。ルーズリーフなら、情報が増えて書き込みきれなくなったときに増やせるので、便利かもしれない。

あとから見て、そこに何が書いてあるのか、自分でもすぐにわからないような書き方はしないように。きちんと整理して書くことが大切だ。うまくまとめておけば、就職活動の一番の参考書になるはずだ。

第2章

自己分析から就職活動を始める

企業が求めている人材は？

CHECK POINT

自分の将来像を描けていることが大切

□**企業の中で実現できる**
その企業で働く中で、実現可能な目標を見つける。

□**やりたいことが明確である**
仕事のうえで、自分独自の視点で目標を見いだしているか。

□**将来像を描けている**
10年先に、自分がどうなっているというヴィジョンをもっているか。

□**目標達成に意欲的である**
目標を達成するために努力をする強い意志をもっているか。

専門知識はあまり問われない

企業は、新卒採用ではその人のポテンシャルを見ており、それほど即戦力を期待しているわけではない。基礎学力は大切だが、技術系の仕事でないなら、専門知識はあまり問われないと思っていい。

それよりもコミュニケーション能力や積極性、チャレンジ精神など基本的な部分が見られている。

面接の場では、とくにコミュニケーション能力が試されることになる。マニュアル通りの回答なら、面接官も聞きあきている。自分の考えをきちんと自分の言葉で述べることが必要だ。

自分が理想の人材になるには？

コミュニケーション能力にしろ、あるいは積極性やチャレンジ精神にしろ、そうしたものは自分自身が内面から身につけていかなければならない。単なる付け焼き刃で身につけたうわっつらでしかないなら、最後には面接官に見抜かれてしまうことになる。だからそのためにも、早めの自己分析が必要なのだ。

自己分析によって、自分の長所や短所がわかってくるはず。それが早ければ早いほど長所を伸ばし、短所を克服していく努力も早く始められるだろう。

企業はこんな人材を求めている

行動力と精神力がとくに重視される

学力はもちろん大切だが、それよりも行動力と精神力が重視されることを覚えておこう。とくに、他人の意見を理解したうえで、自分の意見を提示できるコミュニケーション能力は、面接などで大いに試されるだろう。

■行動力

自分の夢の実現のために、情熱をもって物事に取り組める人

- ●主体性
- ●積極性／チャレンジ精神
- ●柔軟性
- ●協調性
- ●コミュニケーション能力
- ●視野の広さ

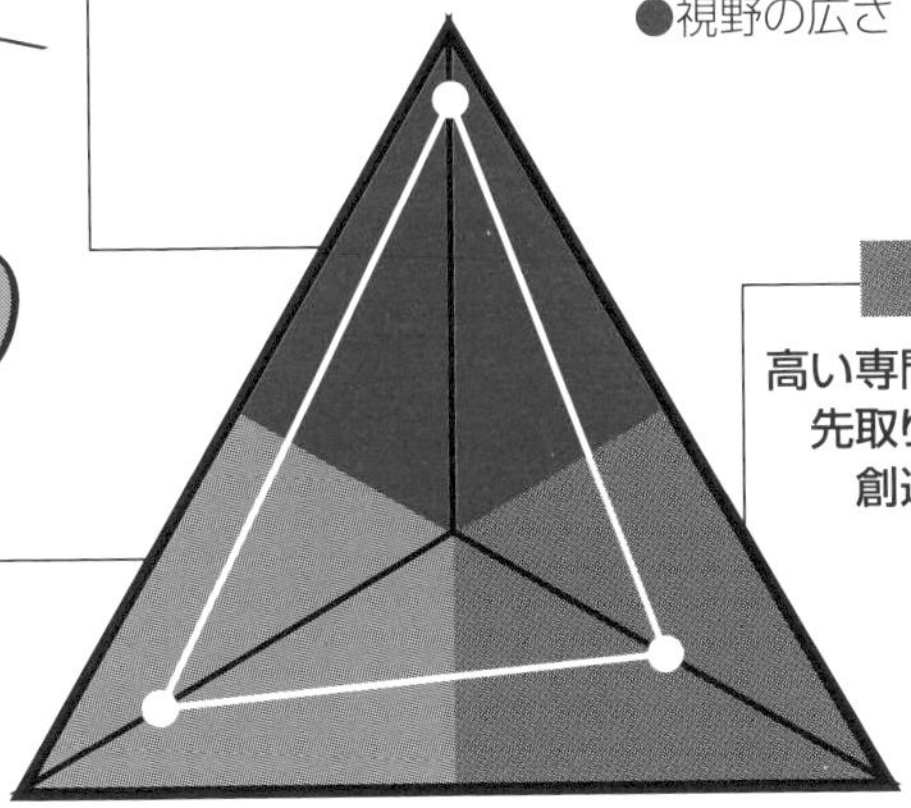

■知 識

高い専門性の上に、時代を先取りする感性と創造性をもっている人

- ●基礎学力
- ●専門知識
- ●論理性／合理的な判断力
- ●先見性
- ●独創性

■精神力

自分の役割と責任を把握し、その遂行に邁進できる人

- ●人間性
- ●社会性
- ●責任感
- ●仕事に対する自負心
- ●忍耐力
- ●倫理観
- ●人生観

企業が求めている人材は、業界が異なっても、それほどの違いはない。「チャレンジ精神旺盛で責任感の強い」人なら、どの企業もほしい。

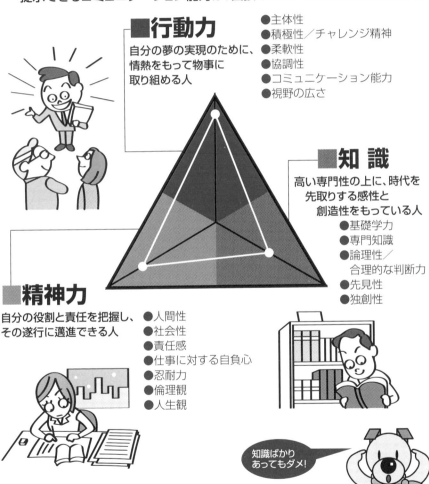

自己分析はなぜ必要なんだろう？

CHECK POINT

自己PRを説得力あるものにする

□**人生の目標を見つける**
将来の目標を見つけ、企業の方向性に合うか確認する。

□**自分の適性を把握する**
自分がどんな仕事に向いているかを知ることが大切。

□**自己PRの裏づけにする**
自己分析は、面接などでの自己PRに役立つ。

□**志望動機を明確にする**
自分がなぜこの仕事、この会社を選んだのか、はっきりさせる。

仕事選びのミスマッチを避ける

新卒で入社した人の離職率を見ると、およそ3割から4割が、3年以内に会社を辞めている。さらに、近年では入社後1年未満で会社を辞めてしまう人も少なくないようだ。

「キャリアアップを図りたい」「収入アップを求めて」など、もちろん理由はさまざまだが、やはりミスマッチによるケースが多いのが実情だ。

「働いてみて初めて、自分に向かないことがわかった」というのでは、何のために、必死になって就職活動してきたのか、むなしくなってしまう。自分はどのような人間か。これからどのような人間になりたいのか。そうしたことを自己分析によって深く掘り下げたうえで、自分に合った働き方（仕事）を選択しよう。

面接の自己PRで自己分析が物を言う

面接の場で「自分は明るく積極的な人間です」などと、だれにでもあてはまる、抽象的であいまいなことを言っていては始まらない。自分らしい言葉で、相手を納得させなければいけない。その言葉をひとつでも多く見つけるために、自分について細かく深く掘り下げ、自分の「個性」を見つけよう。

自己分析は就職に大いに役立つ

仕事選び、会社選びの前提になる

自己分析では、自分がどのような人間なのかを探っていく。その過程で、なりたい自分のイメージ、そのために必要なことなどが明確になっていく。仕事における自己実現には欠かせない作業だ。

■自分を知る

①自分はどのような人間か
②これからどのような人間になりたいのか

→ このような人間にはなりたくない

■自分がのぞむ働き方（仕事のテーマ）を知る

①自分はどのような職業につきたいか
②自分はどのような仕事に向いているか

→ こんな仕事にだけはつきたくない

■自分に合う会社を見つける

①自分がのぞむ働き方（仕事のテーマ）は実現できそうか

→ あんな会社にだけは行きたくない

面接やエントリーシートで必ず問われるのが自己PRや志望動機。これらをすらすらと答えられるように自己分析を活用しよう。

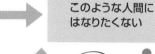

今ある自分をふりかえろう

CHECK POINT

自分のことを深く掘り下げよう

□**客観的データを並べてみる**
自分が実際にやってきたことを時系列で書き並べてみよう。

□**岐路はどこにあったか**
自分の価値観が変化するターニングポイントを見つけよう。

□**自分の長所や短所を知る**
なぜそうなのか、理由も同時に考えるようにする。

□**アピールポイントを見つける**
これまでをふりかえり、自分らしさが出た経験を見つける。

自分についての客観的な事実をふりかえる

自己分析の手がかりとなるように、まず自分に関する客観的なデータを集めよう。

たとえば詳細な履歴書でも書くように、所属していたクラブや習い事、アルバイトなど、自分がこれまで実際にやってきたことを時系列で書き並べてみよう。

その流れを見ながら、なぜ別様にでなく、そのようにやってきたのか、岐路に立ったときの選択はどうしたかなどを考えていくといいだろう。

「すべて親の言いなりだった」とか、「無謀な冒険ばかりしてきた」といったことが見えてくる。つまり、自分の行動の傾向といったものがわかってくるはずだ。

長所や短所はその理由も考えてみる

自分の性格を分析するときには、主観的な思い込みにとらわれないために、なぜそのような判断になるのかを、必ず考えてみよう。

「これこれの状況でこれこれの対応をしたから」など、過去にあった事実を思い起こしながら、その理由を明確にしていく。

そのようにしてあらわれてくる「意外な自分」こそが、「本当の自分」、つまり「個性」だということを覚えておきたい。

自己分析チェックシート

自分を知るための基本項目

自分の過去に関する客観的なデータを時系列で書き並べたなら、次に、下のような項目をチェックしてみよう。これらの項目をベースにして、自己分析を進めていこう。

- □学生生活で一番力を入れたことは何か？　その理由は？
- □自分の性格で好きなところ、嫌いなところはどこか？ その理由は？
- □今までで一番楽しかったこと、辛かったことは何か？
- □今まででもっとも困難な経験は何か？ そのとき、どう対処したか？
- □進学などの岐路に立ったときの決断方法は？ その理由は？
- □どんな職業につきたいと思っている？　その理由は？
- □10年後、どんな生活をしていたい？

↓

■自己分析

- □得意なことと不得意なこと
- □長所と短所
- □好きなことと嫌いなこと
- □なりたい自分となりたくない自分

業界研究に結びつける

↓

仕事選び、会社選び

答えだけでなく、その理由も考えよう。だれもが納得できるだろう理由をあげて、それを言葉で表してみることが大切。

自分は他人にどう見られている？

CHECK POINT

まずは家族に自分のことをきこう

□**他人を鏡にして自分を知る**
自分のことを一番よく知っているのは、自分とは限らない。

□**身近な人の意見をきく**
家族や親戚、友人、恩師などに自分の印象をきいてみよう。

□**初対面の人にきく**
面接官は初対面なので、どんな印象をもつか知ろう。

□**友人と分析し合う**
親しい友人と腹を割って語り合ってみよう。

自分のことは他人にきこう

自分のことは自分よりも、実は他人のほうがよく知っているということがままあるものだ。

たとえば、自分のことを親切だと思っている人ほど、他人の目には傲慢に映っているもの。逆に、他人からは謙虚な性格と思われている人が、意外に自分ではわがままだと思っていたりする。どちらが「本当の自分」かなどは、この際、問わなくてもよい。就職で問題になるのは、常に、「他人の目に映った自分」だからだ。

いくら自分ではかくしたつもりでも、他人からは丸見えの自分がいる。面接官の目に、自分がどう映るのか、それを考えよう。

人からの印象は謙虚に受けとめよう

しかし、道行く人をつかまえて、いきなり「私のことをどう思いますか？」などと尋ねたりしたら、大変な誤解のもとだ。ひとまず、家族や親戚、友人、恩師などにきいてみよう。

そうして返ってきた答えが、予想外だったり、不快であったとしても、謙虚に耳を傾けよう。なぜそう思うのか理由を話してもらい、自分の内面と外面のギャップを少しでも埋めるようにすることが大切だ。

身近な人に尋ねたい基本項目

セルフイメージを修正する

自分のことを過信し、努力を放棄してはいないだろうか。もし自信があっても、それが勘違いなら大変だ。他人の意見によって、セルフイメージを修正しよう。

■家族や親戚にきく

・進学などの岐路に立ったとき、自分はどんな様子だったか?
・何か困難にぶつかったとき、自分はどんな様子だったか?
・一番楽しそうに見えるのは何をしているときか?
・成長したと感じたときはいつ、どんなときだったか?
・自分の長所と短所は?
・自分の言動に関して、もっとこうしてもらいたいなど、何か要求があるか?
・どんな仕事が向いていると思うか?

■友人にきく

・自分の長所と短所は?
・好きなところと嫌いなところ
・自分の性格を何か形容詞を使って表すなら?
・自分の言動に関して、もっとこうしてもらいたいなど、何か要求があるか?
・どんな仕事が向いていると思うか?

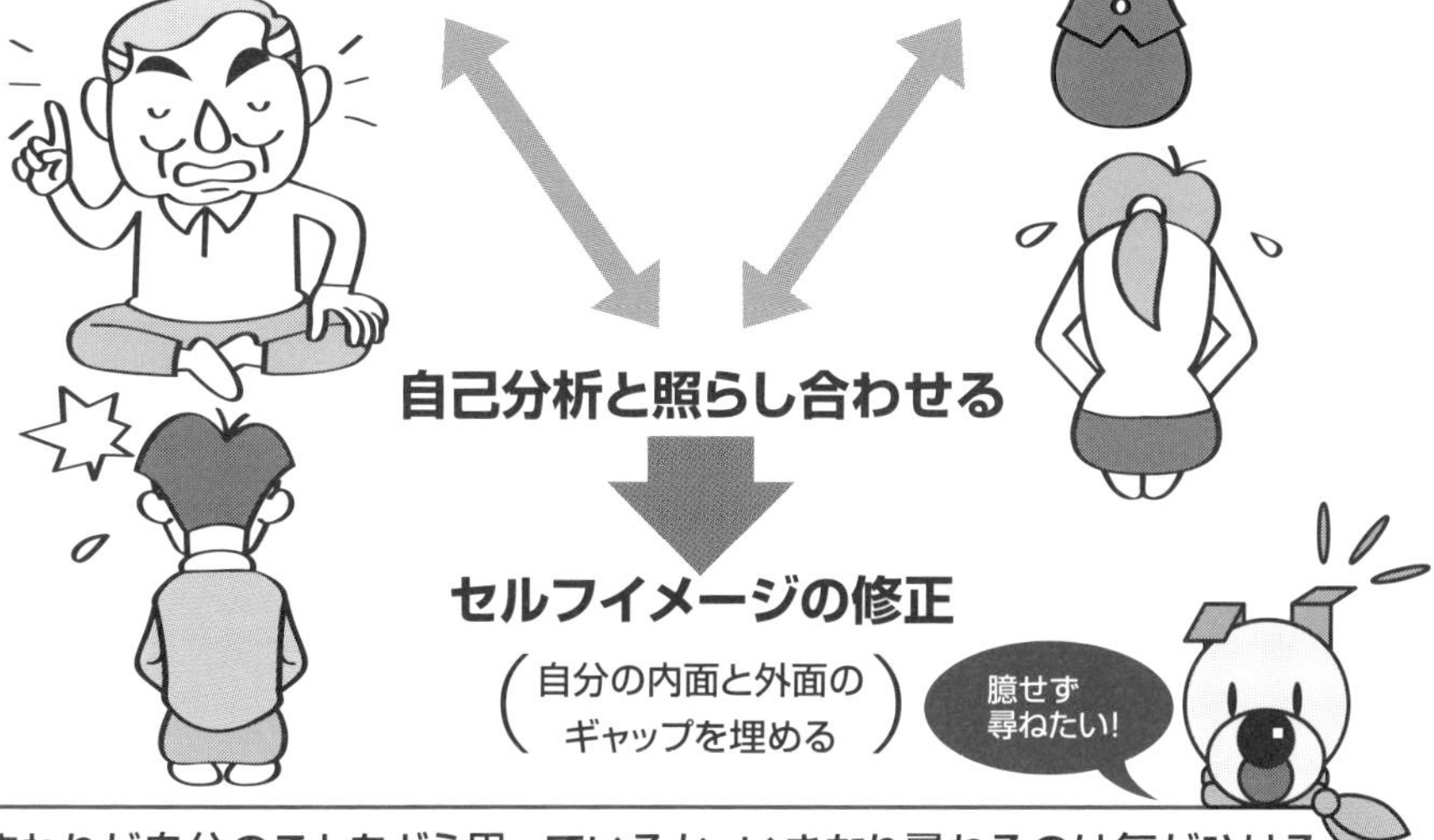
自己分析と照らし合わせる
セルフイメージの修正
(自分の内面と外面のギャップを埋める)
臆せず尋ねたい!

まわりが自分のことをどう思っているか、いきなり尋ねるのは気がひけるが、貴重な機会だととらえて、思い切ってきいてみよう!

自己分析がうまくできない！

CHECK POINT

多角的に自分を見つめよう

□**自分の内にだけこもらない**
自己分析の進め方は、他人の意見も参考にしよう。

□**最後は自分の納得感**
他人からの意見は参考であり、最後は自分で判断する。

□**自分の苦手なものを知る**
苦手なものがつかめれば、得意なことが見えてくることもある。

□**継続して取り組む**
就職活動を進めていくなかで見えてくることもある。

自己分析をしたら自分がわからなくなった

自分を知るために、自分をどんどん掘り下げていったものの、何も見つからない。からっぽの井戸をのぞきこんでいるみたいだ。そうしたことはよくあること。就職活動で、哲学的な「自分探し」をする必要はないので、そんなときこそ他人の意見をきいてみよう。

ところが他人の意見をきくと、さらに、ますます自分がわからなくなるということがよくある。きく人によって答えがばらばらで一貫性がないといった場合だ。

しかし、そんなときも自分が多重人格などと思う必要はない。人間にはいろいろな顔があって当然。むしろ順応性があるととらえられるかもしれない。多面的な魅力をもった人なら、活躍の場も多方面にあるはずだ。

自己ＰＲの材料が何も見つからない

とりたてて力を注いだものもなく、ただなんとなく生きてきてしまった。自分でふりかえっても、他人にきいても、自己ＰＲの材料になりそうなことは何ひとつ見つからない。

そんなときにもあわてることはない。これから自己ＰＲの材料をつくればいい。そのために早めに自己分析を進めたのだから。

自己PRの材料がなくても大丈夫

これからつくればいい!

自己PRの材料がないときにこそ、早めに自己分析に着手したことが功を奏する。自分がたとえ積極性のない人間でも、これから積極的に何かをやればいいのだ。就職活動を成長の場ととらえ、積極的に行動しよう。

早めの自己分析

自分だけでなく、他人の意見も参考にしながら、多角的に自分を見つめる

↓

アピールできる経験がない

自分らしさの出た経験が見つからない。
性格的な短所ばかりが目立つ

↓

積極的に活動する

活動のヒント

- 生活習慣の改善
- クラブ活動
- アルバイト
- インターンシップ
- ボランティア活動
- ダブルスクール

↓

エピソードの完成

面接やエントリーシートでの自己PRの材料に使う

↓

内定

PRできることがないということは、克服すべき課題があるということ。それを克服すれば、PRポイントができる。

就職に有利な英語力・資格

CHECK POINT

高い英語力を企業は求めている

□**英語力で落とされることもある**
採用条件として、高い英語力を求める企業が増えてきている。

□**実力をアピールする**
ＴＯＥＩＣなどの検定試験で実力を証明しておこう。

□**仕事で使える高い英語力**
他の学生に抜きん出るには、日常会話より高いレベルが必要。

□**資格は合否に直結しない**
職種にもよるが、一般的に、資格だけでは採用は決まらない。

英語力は磨いておいたほうがいい

採用条件として、高い英語力を求める企業はめずらしくない。エントリーシートにＴＯＥＩＣの点数を記入するようになっている企業もある。企業によっては、英語力が落とす判断材料にさえ使われているのだ。

内需の縮小によって、海外進出、あるいは海外事業の強化を図っている企業は多い。そうした企業では、高い英語力をもった人材を獲得することが重要な課題になっている。まったく英語力を問わない企業のほうが、むしろ少ないだろう。

就職活動に当たって、英語力をしっかり磨いておくことは、けっして損にはならないはずだ。

就職に絶対有利な資格はない

資格については、これをもっていれば就職に絶対有利といったものはない。学習意欲の証明にはなるが、新卒では潜在能力を期待して採用することが多いため、公認会計士や中小企業診断士など難関資格を除いて、資格の有無が合否を左右することはまずない。

いずれにしろ、実務経験と結びついていない資格は、ただのお飾りとしか見られないことは覚悟しておこう。

アピールできる英語力・資格

英語力を求める企業が増えている

海外進出や海外事業の強化のため、英語力のある学生を求める企業は多い。選考時に問われなくても、入社してから英語力が求められるケースも多いので、早いうちに身につけておこう。

英語に関する代表的な資格

TOEIC® Listening & Reading Test	730点（Bレベル）以上	「日常会話は完全に理解でき、応答も早い。どんな状況でも適切なコミュニケーションができる」とされるレベル。これ以上なら有効。
実用英語技能検定（英検）	準1級以上	「高校卒業程度」とされる2級以下ではあまり意味をなさない。準1級以上の取得を目指そう。

就職に有利なその他の資格

MOS (Microsoft Office Specialist)	上級レベル（エキスパート）	Microsoft Officeの実務的な操作に関する認定資格。ビジネスシーンではWord 、Excelは使いこなせて当たり前。基本を学ぶ「一般レベル」と応用的な操作ができる「上級レベル（エキスパート）」の2種類があるが、「上級レベル（エキスパート）」まで取得しよう。
日商簿記検定	2級以上	どんな企業で働くにせよ、その会社のB/S（バランスシート）、P/L（損益計算書）が読めて、経営状況がわかるようになりたい。2級以上なら評価してくれる企業も多い。

実務経験のない新卒者は、なぜその資格を取得しようと思ったのか、どのような努力をしたのか、資格取得までのプロセスをいえるようにしよう。

COLUMN

文系と理系、どっちが有利？

日本文学を専攻してきた学生が、メーカーなどの研究・開発職をめざすというのは、だれが考えてもちょっと無理な話だろう。しかし、一般的な就職状況を見てみると、文系と理系でどちらが有利かといったことには、それほど差があるわけではない。厚生労働省の調査でも、毎年の内定率は、文系と理系ではほぼ同レベルといえそうだ。

ただ、それほど顕著な傾向とはいえないにしろ、就職先として、文系では銀行・証券などをはじめ、商社、流通、旅行、マスコミなどが多く、理系では電子・コンピュータ、情報通信、化学などが多いといったような違いが見られるかもしれない。

文系の場合、研究・開発職が無理でも、当然のことながら、営業や総務といった職種であれば、どんな企業にも就職できる。たとえメーカーであっても、企業研究によって、その会社の生産品に関する知識を深め、製造工程などの技術的な知識まで頭に入れておけば、むしろ面接での売りになるだろう。面接官から「文系なのに大したものだ」というふうにプラス評価されることもあり得ないことではない。

理系の場合、どのような企業でも、数学的センスや論理的な考え方は大いに歓迎される。あまり理系とは縁がなさそうな会社でも、数理計算やコンピュータの技術に関わる仕事をまかされることは少なくはない。そうした意味では、文系よりも就職先は多く、有利といえるかもしれない。ただし、理系の人が文系の職種をめざす場合には、それなりにきちんとした志望動機を説明できることが大切になる。

また、研究・開発職では、大学の4年間に学んだ程度の知識は、それほど高くは評価されない。むしろ院卒（大学院修了）のほうが、就職には有利になるといったケースもめずらしくはないようだ。

第3章

情報の集め方と見分け方

就職活動にはどんな情報が必要？

CHECK POINT

就職試験の成否は情報収集がカギになる

□**業界研究を進める**
まずは関心のあるいくつかの業界の情報を浅く広く集めよう。

□**志望企業を絞り込む**
志望する業界の中で自分に合った企業を探してみよう。

□**選考に関する情報を集める**
エントリーを決めたなら、選考に関する具体的な情報を集める。

□**選考内容を理解する**
面接や筆記試験のための情報収集も欠かせない。

仕事選び、会社選びに役立つ情報

　就職活動ではどんな情報が必要になってくるのだろうか。就職活動の進み具合で、必要な情報は少しずつ変わってくることを知っておこう。

　まず最初の段階では、情報収集は、仕事選び、会社選びに役立てることが目的になる。それには、自分が日頃から関心をもっている業界はもちろん、なんとなく気になる業界まで浅く広く情報を集めよう。それらの業界の現状や行方に関して研究することが大切だ。

　次に、志望する業界がはっきりしているなら、その中で自分に合った企業を探してみよう。それらの企業について、自分にとってどんな魅力があるのか、自分との接点はどこにあるかなど、細かく研究していく。

選考や入社試験に関する具体的な情報

　そのようにしてエントリーを決めたなら、選考に関する具体的な情報が必要になってくる。エントリーの締め切りや、会社説明会の日程など、多くの情報を集めなければならない。

　また、面接の突破や筆記試験の合格のために必要な選考内容に関する情報も仕入れたいところだ。

就職活動に必要な情報

最初は幅広く情報を集めよう

最初の段階では、選択肢を広げることを心がけたい。できるだけ広範囲から情報を集めよう。それまで何の関心もなかった分野に思わぬ企業情報や、自分の可能性が潜んでいるかもしれないからだ。

業界に関する情報 	自分が日頃から関心をもっている業界から、なんとなく気になる業界まで浅く広く情報を集める。それらの業界の現状や行方に関して研究する。	●書籍や雑誌、新聞 ●インターネット ●キャリアセンター（就職課） ●業界研究セミナー
企業に関する情報 	業界の中で優良企業を探す。成長性、収益力、安定性などを理解し、さらに、今後の経営戦略などを調べる。企業の採用情報を集める。	●企業のホームページ ●書籍や雑誌、新聞 ●キャリアセンター（就職課） ●業界研究セミナー ●会社説明会 ●会社訪問（OB・OG訪問） ●フェイスブック
選考に関する情報 	基本として、エントリーの締め切りや会社説明会の日程などを知る必要がある。面接や筆記試験に合格するために役に立つ情報も集めよう。	●インターネット（就職サイト、企業のホームページ） ●フェイスブック ●書籍や雑誌、新聞 ●キャリアセンター（就職課）

約7割の人が、就職後に、就職活動中に得た情報と実態とがなんらかの点で違っていたと報告している。情報は鵜呑みにしないこと。

情報はどこから仕入れる？

CHECK POINT

読む人に冷静な判断が求められている

□**情報を鵜呑みにしない**
企業の具体的な情報は入手しづらいことに注意しておこう。

□**新聞にだって主観が混じる**
客観的な物言いを装っていても、どこかに主観は入るもの。

□**情報は整理しよう**
情報の数は無数にあるため、情報を整理する必要がある。

□**必要な情報を選別する**
自分にとって大事な情報と、そうでないものを分けよう。

情報源の性質を知ることが大切

就職活動で集められる情報には、大きく分けて、企業側から発信されているものと、新聞・雑誌の記事など第三者の取材によって客観的に書かれているものの２種類がある。

企業側から発信されている情報だと、自ら伝えている情報なので、マイナス情報はほとんど知ることができない。第三者の取材によって書かれている情報も、完全に客観的なわけではなく、取材記者の主観が含まれることも少なくない。

複数の情報源からの情報を照らし合わせ、比較しながら、真偽を判断する必要がある。

マイナス情報は入手しづらい

ところで、私たちが目にする企業の情報は、ほとんどが企業側から発信されているものであることに注意しよう。

企業のホームページは言うまでもない。それだけでなく、就職サイトや新聞・雑誌であっても、広告主としての企業のマイナス情報を掲載するわけにはいかない。

だから、会社訪問（ＯＢ・ＯＧ訪問）、インターンシップなどで、職場の雰囲気を体験的に知ることが重要なのだ。

それぞれの情報源の特徴と用途

	特徴	用途
書籍や雑誌、新聞 	幅広い情報収集ができ、業界研究に適する。企業にとってのマイナス情報を入手できることもある。	いろいろな業界の将来の展望やそこでの成長分野を研究する。雑誌では、特集記事や経営者や従業員に対するインタビューなどに注目したい。 面接や筆記試験対策には、市販の問題集や新聞が役に立つ。
インターネット 	情報の速報性もあり、今や就職活動のメインツール。企業のホームページなどでは、企業にとってのマイナス情報は入手しづらい。	就職サイトからは企業の採用情報はもちろんのこと、業界研究セミナーなどのイベント情報が得られる。就職活動のノウハウを指導しているサイトや、コミュニケーション掲示板などを設けて学生同士の情報交換ができるようにしているサイトもある。 企業のホームページでは、経営理念や業務内容などが紹介されている。資料請求やエントリーができるところもある。
キャリアセンター（就職課）	就職サイトにも掲載されていない質の高い情報が見つかる。係の人が相談にのってくれる。	企業の求人票には、合格の確率が高いものが含まれているので、必ずチェックしたい。企業別OB・OG名簿などはここで閲覧する。その他、就職活動全般をサポートしてくれる。
業界研究セミナー、会社説明会、会社訪問（OB・OG訪問）、インターンシップ	入社試験前に、企業側から直接話を聞くことのできる貴重な機会。その企業の雰囲気まで知ることができる。	業界研究セミナーは、仕事選び、会社選びに役立つ。 会社説明会への参加は、応募の意志ありと企業側から受け止められ、一次面接の場になることもあるので、あらかじめ充分な準備が必要。
口コミ	マイナス情報も含め、ナマの情報が得られる。信憑性には注意したい。	会社説明会の様子、会社訪問や面接の感想などについて情報交換をする。内定者の体験談を聞くことができれば、参考になるはず。

就職サイトを活用しよう

CHECK POINT

就職サイトに登録して効率よく情報を集める

- □**就職活動のメインツール**
  業界研究からエントリーまで、必要な情報がほとんど入手できる。
- □**それぞれの特徴をつかむ**
  就職サイトそれぞれの特徴をつかみ、自分に合ったものを選ぶ。
- □**自分に合った使い方を見つける**
  人によって使い方が異なるため、自分に合った使い方を見つけよう。
- □**採用情報を集める**
  自分に必要な情報だけを効率よく集めよう。

就職サイトの幅広い活用法

就職活動でインターネットを利用しないという学生はいないだろう。その中でもとくに利用度が高いのが、リクナビ、キャリタス就活、マイナビなど、いわゆる就職サイトである。情報の速報性もあり、今や就職活動のメインツールとなっている。

そうした就職サイトの活用法は幅広い。企業の採用情報はもちろんのこと、業界研究セミナーなどのイベント情報、就職活動のノウハウ、学生どうしで情報交換ができる掲示板、先輩からのアドバイスなど、就職活動には大いに役立つはずだ。

それぞれの就職サイトの特色をつかもう

就職活動を始めたなら、まず就職サイトに登録したい。

しかしまずその前に、各就職サイトの特徴をつかもう。首都圏中心の情報を掲載しているものや、地方の情報が充実しているもの、大企業が中心のものや、中小企業まで網羅しているものなど、それぞれの特徴をつかんだうえで、自分に合ったものを選んで登録するようにしたい。

就職サイトから得られる情報量は膨大だ。自分が必要としている情報を効率よく収集しよう。

代表的な就職サイト

2つか3つを選んで登録しよう

たとえば、リクナビに載っていない求人情報でも、マイナビには載っているという場合がある。あとになって、「知らなかった」と後悔する前に、複数のサイトからの情報収集が必要になるだろう。

リクナビ https://job.rikunabi.com/	学生の8割が登録するという定番サイト。就職活動に必要な情報はすべてあるという多彩なメニューと、使い勝手の良さで群を抜いている。
キャリタス就活 https://job.career-tasu.jp/	日本経済新聞社と日経HRの協力のもと、インターンシップ情報や企業研究コンテンツを提供。
マイナビ https://job.mynavi.jp/	3万社近くの新卒採用情報を掲載。その他、適職診断やエントリーシートの書き方の指導など、豊富なコンテンツが用意されている。
ダイヤモンド就活ナビ https://www.shukatsu.jp/	U･Iターン情報、学生レポートも充実。また、企業検索も検索条件が複数用意されており便利。
あさがくナビ（朝日学情ナビ） https://www.gakujo.ne.jp/	企業セミナーなどイベント情報の提供をはじめ、就職活動全般をサポートしてくれる。
ブンナビ！×読売新聞 https://bunnabi.jp/	約8000社の採用情報を提供。『会社四季報』のデータを閲覧できるので、企業比較や業界研究に便利。
みん就（みんなの就職活動日記） https://www.nikki.ne.jp/	業界別の掲示板が設けてあり、就職活動中の学生たちの「口コミ」による情報交換の場として活用されている。また、多くの内定者の体験談も紹介されており参考になる。

業界研究に役立つ情報源は？

CHECK POINT

業界研究には書籍がまず効率的

□**どんな業界がある？**
企業は数が多すぎるので、最初に注目するべきなのは「業界」だ。

□**いろいろな業界を研究する**
業界を絞り込む前に、幅広く情報収集をしよう。

□**まずは書籍や新聞**
幅広く情報を集めるなら、インターネットよりも書籍が便利。

□**セミナーにも参加しよう**
横断的に業界を知られるので、業界研究セミナーに積極的に参加しよう。

業界の将来の展望を研究しよう

そもそも「業界」というものには、どんな種類があるのか調べてみよう。

もちろん、大学で専攻してきた分野の知識が活かせる業界で仕事を見つけたいと考えている人もいるだろう。しかし、こちらがどんなにそれを望んでも、その業界そのものに将来性や発展力がなければ、自分の知識や能力を活かすことはできない。せっかく就職した会社も、あっけなく消えてしまうかもしれない。業界の将来の展望やそこでの成長分野をしっかりと研究しておこう。

すでに志望の業界が決まっている人でも、やはりいろいろな業界を研究してみよう。自分自身でも思いがけない方向に、関心が向くかもしれない。

業界研究のさまざまな方法

業界研究の方法としては、書籍や新聞、インターネットの活用が中心になるだろう。

また、業界研究のためのいろいろなセミナーが「オープンセミナー」として開催されているので、そうしたものにも参加してみよう。実際に業界で働いている人の生の声を聞くことができ、大いに参考になるだろう。

業界研究に役立つ情報源1

まず書籍や新聞を活用しよう

まだ志望業界が絞り込めていないなら、インターネットなどよりもまず書籍を活用してみよう。業界研究などのように、幅広い情報を集めたい場合は、「業界地図」などの書籍のほうが効率的だ。

業界地図	日本経済新聞社、東洋経済新報社等から数種出されている。一通りの業界に関して、最新の動向や将来の展望、各企業の業界内での位置などがわかりやすく説明されている。
業界本	書店の就職本コーナーには、業界を絞り込んで詳しく書かれた、いわゆる「業界本」が並んでいる。業界全体の動きをつかむには便利だ。情報の鮮度からいうと物足りない面もあるが、その業界内での具体的な職種とその仕事の内容についても説明があるので、自分の進路を探すのに役立つはず。
新聞	日経新聞が最適。さらに、三大紙（朝日、読売、毎日）のうち最低一紙は毎日、目を通すようにしたい。といっても、すべての記事を精読する必要はなく、全体の見出しに目を通して、関心のある記事だけを読むようにするといい。記事の内容をまとめたリード文だけを読んでもいいだろう。

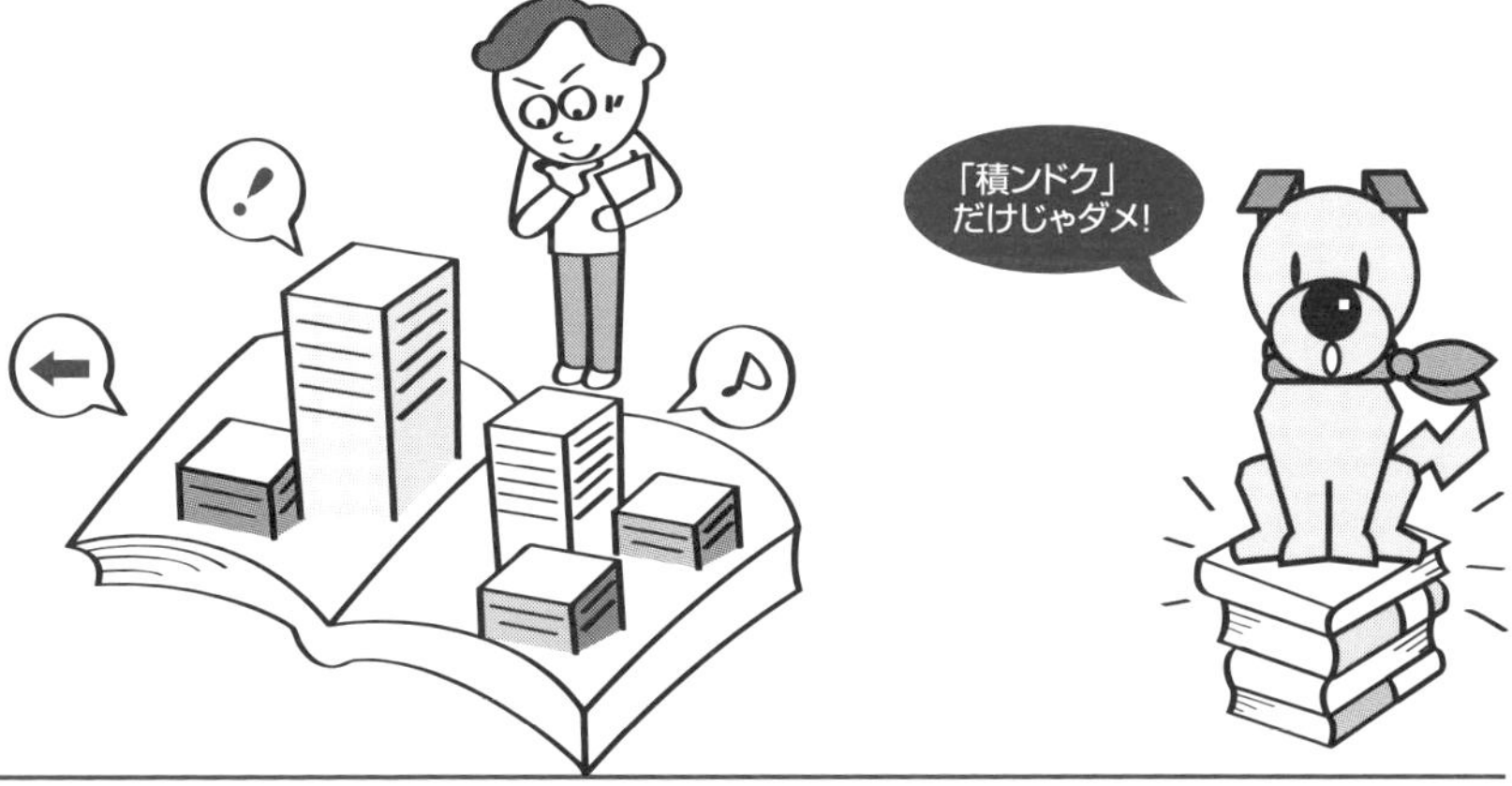

どの段階であれ、「業界地図」は購入しておいてもソンはないが、「業界本」は志望業界が絞り込めたころに、1冊買えば充分だ。

業界研究に役立つ情報源2

インターネットと業界紙

全業界	日経電子版 日本経済新聞社のニュースサイト　https://www.nikkei.com/
	OpenWork　https://www.vorkers.com/
放送・新聞	一般社団法人日本民間放送連盟　https://j-ba.or.jp/
	一般社団法人日本新聞協会　https://www.pressnet.or.jp/
銀行・証券	一般社団法人全国銀行協会　https://www.zenginkyo.or.jp/
	一般社団法人全国地方銀行協会　https://www.chiginkyo.or.jp/
	日本証券業協会　https://www.jsda.or.jp/
	金融経済新聞　http://www.kinkei-press.co.jp/
	日経ビジネス電子版　https://business.nikkei.com/
保険	一般社団法人生命保険協会　https://www.seiho.or.jp/
	一般社団法人日本損害保険協会　https://www.sonpo.or.jp/
商社	一般社団法人日本貿易会　https://www.jftc.or.jp/
情報通信	一般社団法人情報サービス産業協会　https://www.jisa.or.jp/
	一般財団法人日本データ通信　https://www.dekyo.or.jp/
電子・コンピュータ	一般社団法人電子情報技術産業協会　https://www.jeita.or.jp/japanese/
自動車	一般社団法人日本自動車工業会　https://www.jama.or.jp/
	日刊自動車新聞電子版　https://www.netdenjd.com/
鉄鋼	一般社団法人日本鉄鋼連盟　https://www.jisf.or.jp/
	日刊工業新聞電子版　https://www.nikkan.co.jp/

建設 	一般社団法人日本建設業連合会	https://www.nikkenren.com/
	一般社団法人全国建設業協会	https://www.zenken-net.or.jp/
	一般社団法人不動産協会	https://www.fdk.or.jp/
	一般社団法人全国住宅産業協会	https://www.zenjukyo.jp/
	日刊建設工業新聞	https://www.decn.co.jp/
	建設通信新聞	https://www.kensetsunews.com/
	住宅産業新聞	https://www.housenews.jp/
流通 	一般社団法人日本百貨店協会	https://www.depart.or.jp/
	日本チェーンストア協会	https://www.jcsa.gr.jp/
	一般社団法人全国スーパーマーケット協会	https://www.super.or.jp/
	流通ニュース	https://www.ryutsuu.biz/
化学 	一般社団法人日本化学工業協会	https://www.nikkakyo.org/
	化学工業日報	https://www.chemicaldaily.co.jp/
食品 	一般社団法人日本フードサービス協会	http://www.jfnet.or.jp/
	一般財団法人食品産業センター	https://www.shokusan.or.jp/
	日本食糧新聞	https://news.nissyoku.co.jp/
旅行・ホテル 	一般社団法人日本旅行業協会	https://www.jata-net.or.jp/
	一般社団法人全国旅行業協会	https://www.anta.or.jp/
ゲーム・アミューズメント 	一般社団法人コンピュータエンターテインメント協会	https://www.cesa.or.jp/
	一般社団法人日本アミューズメント産業協会	https://jaia.jp/

『就職四季報』を読もう

CHECK POINT

ぜひ目を通したい学生向けの就職情報誌

- □**新しい年度版を買う**
新鮮な情報を載せた新年度版は、毎年11～12月頃に出される。
- □**5000社を掲載**
一般に知られていない優良企業に出会うチャンスがある。
- □**企業側の宣伝媒体ではない**
企業が発信したい情報でなく、学生が知りたい情報を得られる。
- □**独自のデータを掲載**
「倍率」など、就職サイトなどからは得られないデータも掲載。

企業研究で役に立つ有力な情報誌

『就職四季報』というのは、東洋経済新報社が発行している、学生の就職活動を支援する情報誌。総合版と女子版などがある。

5000社の企業のデータが、業界別に掲載されていて、ちょっとした電話帳くらいの厚みがある。企業のホームページや就職サイトなどの他の情報源からは得られないデータもかなり多く載っているので、情報収集には欠かせない。

書店で購入するか、学校のキャリアセンター（就職課）で買ってもらうといいだろう。

就職サイトで得られない情報を得る

記事の中でまず注目したいのが、応募者数と内定者数から割り出した「倍率」だ。これはリクナビなどの就職サイトでは得られないデータだ。自分が志望する企業が、どのくらい狭き門であるかを客観的に認識しておくことは、心がまえだけでなく、これから就職活動をどう展開していくかを考えるうえでも大切だ。

また「3年後離職率」にも注目したい。入社してからぶつかる現実を想像してみよう。「記者評価」も他の情報源と比べて、客観性はかなり信頼できる。

『就職四季報』はここに注目!

『就職四季報』でしか得られない情報もある

企業のホームページやリクナビなどの就職サイトでは得られない情報、つまり、企業側が発信したい宣伝ではなく、学生が必要な情報を読み取り、企業研究に役立てよう。

「倍率」に注目!

「倍率」は就職サイトなどではなかなか知り得ない。どれだけ狭き門なのかをあらかじめ知っておけば、自分なりの対策や対処法を考えられる。

「記者評価」に注目!

企業側が発信する宣伝ではないので、客観性は信頼できる。事業の将来性なども「記者評価」を参考にして判断できる。

「NA」に注目!

「NA」は「No Answer」、つまり「非公開」ということ。情報開示に積極的な姿勢を見せる企業と、そうでない企業との差もはっきりわかる。

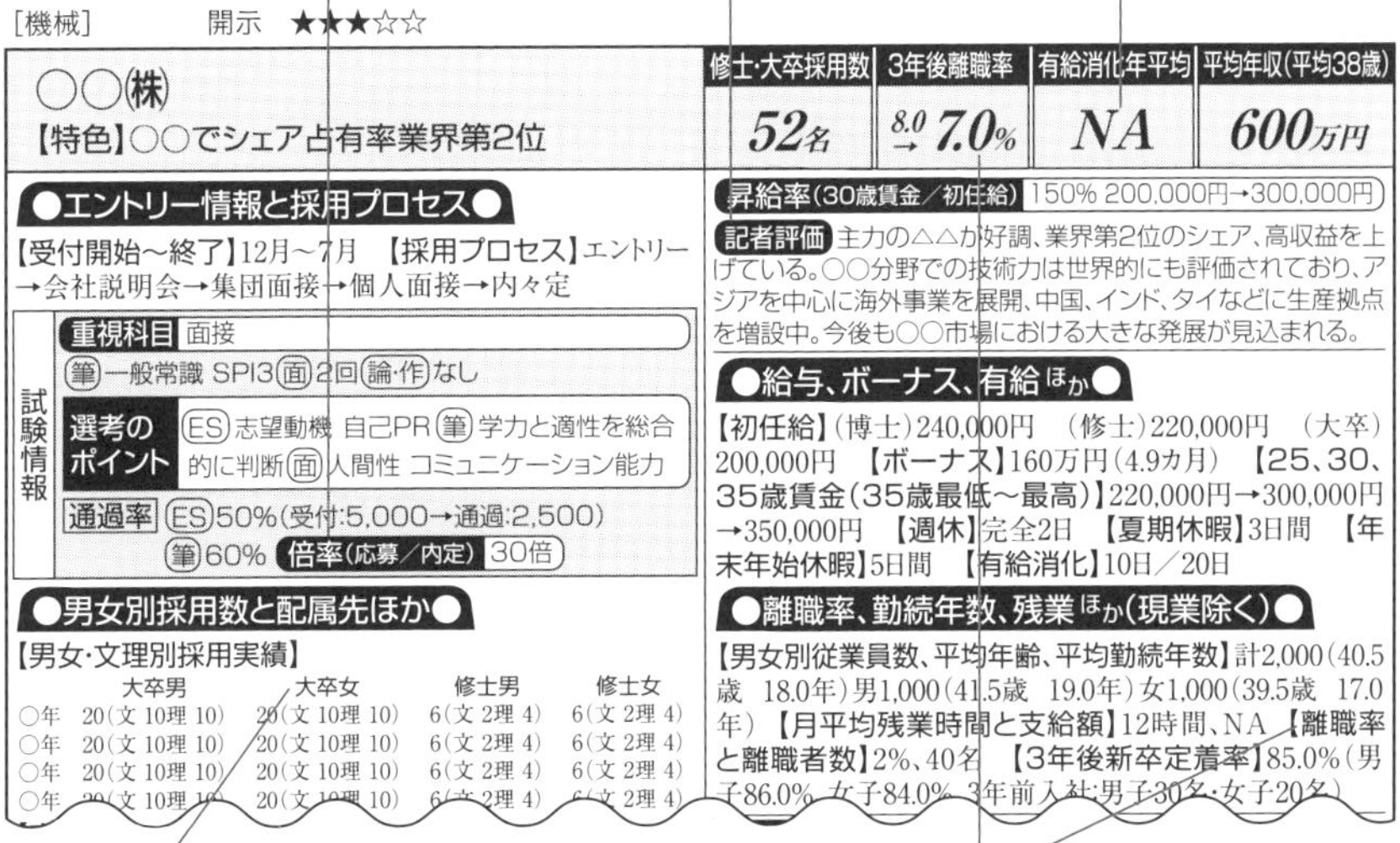
[機械]　開示 ★★★☆☆

○○㈱
【特色】○○でシェア占有率業界第2位

修士・大卒採用数	3年後離職率	有給消化年平均	平均年収(平均38歳)
52名	8.0→7.0%	NA	600万円

●エントリー情報と採用プロセス●
【受付開始～終了】12月～7月　【採用プロセス】エントリー→会社説明会→集団面接→個人面接→内々定

試験情報
重視科目 面接
(筆)一般常識 SPI3 (面)2回 (論・作)なし
選考のポイント (ES)志望動機 自己PR (筆)学力と適性を総合的に判断 (面)人間性 コミュニケーション能力
通過率 (ES)50%(受付:5,000→通過:2,500) (筆)60% 倍率(応募/内定) 30倍

●男女別採用数と配属先ほか●
【男女・文理別採用実績】

	大卒男	大卒女	修士男	修士女
○年	20(文 10理 10)	20(文 10理 10)	6(文 2理 4)	6(文 2理 4)
○年	20(文 10理 10)	20(文 10理 10)	6(文 2理 4)	6(文 2理 4)
○年	20(文 10理 10)	20(文 10理 10)	6(文 2理 4)	6(文 2理 4)
○年	20(文 10理 10)	20(文 10理 10)	6(文 2理 4)	6(文 2理 4)

昇給率(30歳賃金/初任給) 150% 200,000円→300,000円

記者評価 主力の△△が好調、業界第2位のシェア、高収益を上げている。○○分野での技術力は世界的にも評価されており、アジアを中心に海外事業を展開、中国、インド、タイなどに生産拠点を増設中。今後も○○市場における大きな発展が見込まれる。

●給与、ボーナス、有給ほか●
【初任給】(博士)240,000円　(修士)220,000円　(大卒)200,000円　【ボーナス】160万円(4.9カ月)　【25、30、35歳賃金(35歳最低～最高)】220,000円→300,000円→350,000円　【週休】完全2日　【夏期休暇】3日間　【年末年始休暇】5日間　【有給消化】10日/20日

●離職率、勤続年数、残業ほか(現業除く)●
【男女別従業員数、平均年齢、平均勤続年数】計2,000(40.5歳　18.0年)男1,000(41.5歳　19.0年)女1,000(39.5歳　17.0年)【月平均残業時間と支給額】12時間、NA【離職率と離職者数】2%、40名　【3年後新卒定着率】85.0%(男子86.0%　女子84.0%　3年前入社:男子30名・女子20名)

＊上は『就職四季報』の掲載記事イメージ

女子版にはこんな情報も!

女子版では、女性の採用数、女性社員の平均勤続年数、女性社員比率、女性社員の離職率、女性社員の既婚率などもわかる。

「離職率」に注目!

毎年の応募者数も多いけど、辞めていく人数もかなり多いというなら、慎重になったほうがいい。

『就職四季報』には「優良・中堅企業版」「企業研究・インターンシップ版」も出ている。

企業のホームページを閲覧しよう

CHECK POINT

企業のホームページは利用価値が高い

□**早期の情報収集に効果的！**
就職活動の時期を待たなくても、企業研究が進められる。

□**会社選びに役立てる**
これまでの実績や今後の業務展開などを研究しよう。

□**面接に役立てる**
ホームページの情報で、志望動機はより具体的に述べられる。

□**関連企業の情報も入手！**
大手企業のページにはほとんど関連企業へ飛べるリンクがある。

会社選びの参考として役立てよう

企業のホームページでは、経営理念や、業務内容などが紹介されている。企業側から発信されているものなので、マイナス情報は掲載されるはずもなく、立派なことばかりが書かれているだろう。

しかし、そのあたりのことを差し引いても、企業のホームページは、会社選びの参考には充分役立つはずだ。その企業がどういった実績をもち、今後どのような業務展開を図ろうとしているのかを研究しよう。

そして受験を決めたら、入社試験や面接のためにも、そこで得た情報をしっかりと頭に入れておくことが大切だ。

企業に直接アプローチできる

各企業のトップページのメニューを見てみよう。採用活動をしている企業のほとんどに「採用情報」といった項目があるはずだ。そこには採用条件や採用のスケジュールが掲載されているばかりでなく、さらに、そこから資料請求やエントリーができるようになっている。

就職サイトに情報を流していなくても、自社のホームページのみで募集活動をしていたりすることもあるので、見逃せない。

企業のホームページの探し方

いろいろな方法でアプローチしよう

ここでもやはり、絞り込みができている場合とそうでない場合とで、方法が違ってくる。インターネットは検索性がすぐれているので、いろいろな角度からアプローチしてみよう。

URLがわかっている場合 → URLというのは、ホームページ・アドレスの表記の方法だ。たとえば、「http://〜」といったように表される。企業のURLを指定すれば、ホームページに行くことができる。

社名がわかっている場合 → ヤフーなどのポータルサイトのサーチエンジンに社名を入力して、その検索結果の中から、目当ての企業のホームページを探そう。

業種から検索したい場合 → 大手の場合、一度「業界地図」を見てから検索してみよう。中小企業は商工会議所のホームページが見やすい。代表的な企業（会員企業）のホームページにリンクを張っている。

興味にまかせて探す場合 → ポータルサイトのサーチエンジンに関心のあるキーワードを入力して、そこから自由にネットサーフィンをしてみよう。おもしろそうな企業のホームページに行き着くかもしれない。また、そのリンク先に興味のある分野の企業一覧が出ている場合がある。

目当ての企業のホームページのアドレスを忘れたりしないように、
ふだんからブックマーク（お気に入り）登録を心がけておくと役に立つ。

フェイスブックを活用しよう

CHECK POINT

フェイスブックを就職活動に利用しよう

□**アカウントを取得しよう**
企業が採用活動でフェイスブックを使う場合が増えている。

□**企業研究に役立てよう**
フェイスブック上で説明会を行う企業もある。

□**OB・OG訪問の依頼**
面識もなく、紹介もないOB・OGでも、訪問の依頼をしやすい。

□**学生同士の情報交換**
厳しい就職活動に仲間は心の支え。情報を共有してがんばろう。

多くの企業が採用活動に活用している

フェイスブックに新卒採用に関する情報を掲載している企業はかなり多い。ＩＴ企業や中小企業ばかりではなく、一般の大手企業も、自分の会社のことを知ってもらおうと、企業研究ツールとして、フェイスブックで学生に情報を提供している。

企業にとって、フェイスブックにはいくつもの利点がある。

たとえば、採用ホームページは一度作るとそのままになるケースが多いが、フェイスブックなら、まめに記事を更新できる。

また、会社説明会などで話をするのとは違い、学生との直接のやりとりが継続的に行える。

ＯＢ・ＯＧ訪問の依頼や情報交換に便利

学生側にとっても、就職活動でのメリットは多い。

特に、社会人に会って話を聞きたいと思ったときは、フェイスブックを使って依頼すると便利だ。フェイスブックでは実名で顔出しが基本になるため、怪しまれず、ＯＢ・ＯＧ訪問の依頼もスムーズにできる。

その他、学生同士で、就職セミナーやイベントなどの情報をタイムリーに交換し、共有できるのも、フェイスブックの魅力だ。

フェイスブック(Facebook)の使用法

情報感度を高くしよう

フェイスブック(Facebook)を採用活動に活用している企業は多い。アカウントをもたずに就職活動をするのは損になりそう。就職活動中は特に情報感度を高くしておきたい。

使用法	メリット
●仕事の現況、職場での話題などをタイムリーに知ることができる ●画像や記事から、社風や文化を知ることができる	■企業選びの判断材料になる ■エントリーシートの志望動機の記述に反映できる ■面接時に話すネタを仕入れられる
●志望先の企業の社員にも簡単に連絡が取れる	■OB･OG訪問の依頼もスムーズにできる
●近況を書き込み、学生同士で情報を共有できる	■就職セミナー、イベント等、様々な情報を得られる
●スマートフォンなどからもアクセスできる	■場所を選ばず、情報の受信･発信ができる

企業側からも見られていることを意識しよう。会社名を出して、面接の愚痴などうっかりこぼさないこと。ツイッターも同じ。

学校のキャリアセンターを活用しよう

CHECK POINT

企業の求人票を有効に利用しよう

□**求人票は募集要項の基本**
キャリアセンターには就職サイトに出ていない企業の求人情報もある。

□**係の人と仲よくなろう**
係の人にいろいろな相談にのってもらおう。

□**合格の確率が高い**
求人票があるのは、企業が大学に逆エントリーしているから。

□**ガイダンスに参加しよう**
キャリアセンターが企画するガイダンスにも、しっかり参加しよう。

キャリアセンターで情報収集しよう

キャリアセンター（就職課）には、企業の求人票のファイルやOB・OG名簿など役立つ情報がたくさんある。

就職サイトに登録がない企業でも、キャリアセンターを通じて求人しているかもしれない。2次募集などの情報も随時入ってくる。学生のために個別に相談の窓口を設けているところも多い。こまめに通って係の人と仲よくなっておくと、非公開情報まで教えてくれることがあるかもしれない。

就職活動にあたって、キャリアセンターを利用しない手はない。

求人票をマメにチェックしよう

キャリアセンターでは、企業の求人票をマメにチェックしておこう。求人票は地域別、業種別などに分けてファイルされている。

たとえ就職サイトを通じて募集している企業でも、実際には学校を指定しているケースがあり、それがどの大学かはほとんどわからない。

しかし、大学のキャリアセンターに求人票さえきていれば、その大学が指定の中に入っていることはほぼ間違いないだろう。求人票は、学校に対する企業の逆エントリーの意味合いもあるのだ。

キャリアセンターのサポート内容

情報提供と就職指導などのサービス

もちろんそれぞれの学校によって違いはあるが、学生の就職活動をまったくサポートしていない大学などない。就職を考えたなら、早めに キャリアセンター（就職課）に足を運んでみよう。

■情報提供

求人票	地域別ファイル、業種別ファイル
閲覧資料	OB・OG名簿、先輩の就職活動体験記や報告書
書籍や雑誌	会社年鑑、会社四季報、就職四季報、商工名鑑、雑誌、新聞
ポスター、チラシ	会社説明会、合同企業説明会、業界研究セミナー等の開催情報、インターンシップの募集情報

■就職指導などのサービス

就職ガイダンス	就職を取り巻く状況に関する講義、会社選びのポイント、就職活動の具体的な進め方の指導
入社試験対策	適性検査、模擬試験、模擬面接、面接指導
就職相談	個別の就職相談、懇談会の実施
パソコン利用	就職活動専用のパソコンの設置

3年生の夏休み前から就職ガイダンスを始める大学もある。
キャリアセンターの情報には早めにアンテナをはっておくことが大切。

インターンシップって何？

CHECK POINT

インターンシップは就職にこんなに役立つ

□**「採用直結型」が増加**
インターンシップを採用に直結させる大手企業が増えている。

□**業界（企業）研究に役立つ**
就業体験が、仕事選び、会社選びの重要な判断材料になる。

□**社会性が身につく**
社会人としての常識やマナー、社会への適応力が身につく。

□**人脈ができる**
志望企業につながる人脈ができれば心強いはずだ。

仕事や企業に対する理解を深める

インターンシップとは、学生が自分の興味のある仕事や企業への理解を深めることを目的として、一定の期間、就業体験を行う制度のこと。

就職後に、「こんなはずじゃなかった」と仕事に幻滅を感じ、後悔する人は多いもの。若い人たちの離職率の高さが深刻な社会問題となっている中で、インターンシップは学生と企業とのミスマッチを避けるための手段として期待されている。

さらに、経団連と大学で構成される産学協議会の要望により、2025年卒業の学生を対象としたインターンシップから、インターンシップで得た情報を採用選考に活用できるようになった。今後、採用に直結したインターンシップが増えそうだ。

インターンシップは無給での就業体験

インターンシップの参加期間は短期集中もあれば、長期的に週に3～4日入るものもある。また、1日あるいは半日の日程で開催される「1dayインターンシップ」もある。

その他、Web上で「オンラインインターンシップ」を実施する企業も増えている。

インターンシップの内容

就職につながるインターンシップ

インターンシップは仕事選び、会社選びに役立つ。仕事や会社のイメージをリアルにもつことができるからだ。さらに、採用に直結することもあるので、相応の覚悟をもって取り組みたい。

■企業が提供するインターンシッププログラムの内容（複数回答）

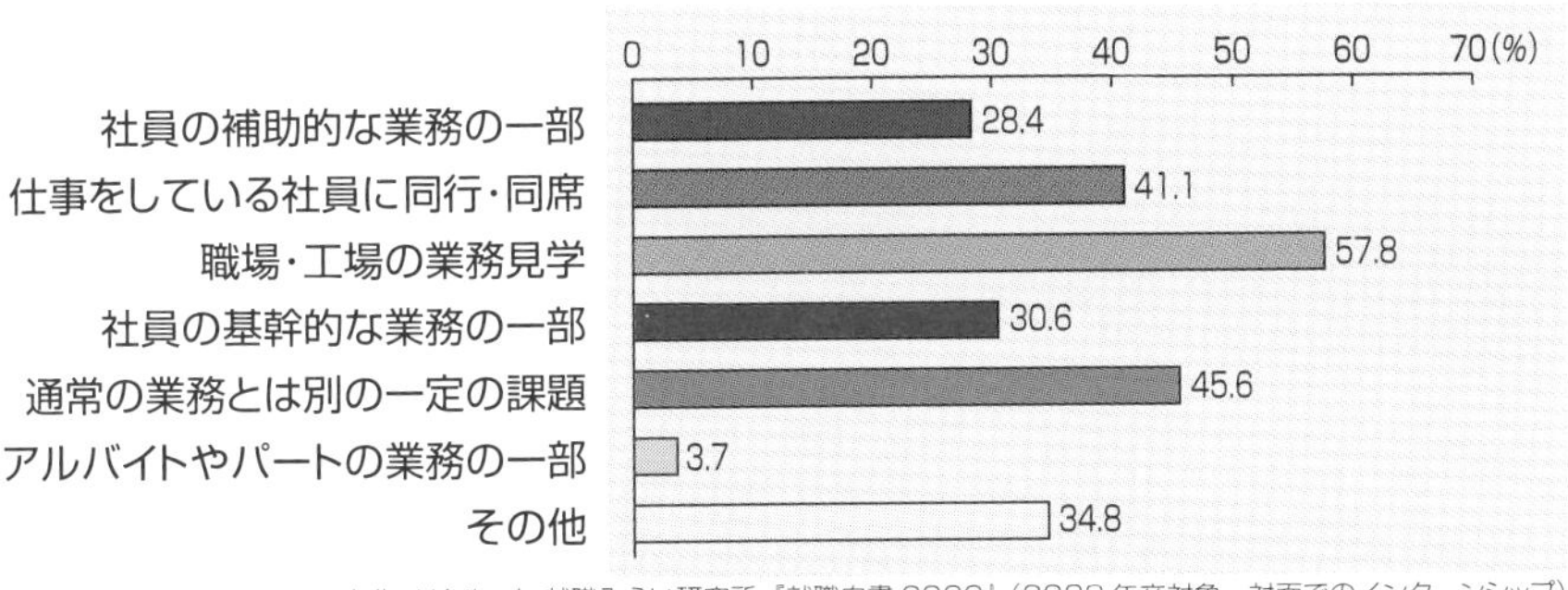

出典：リクルート 就職みらい研究所『就職白書 2022』（2023 年卒対象、対面でのインターンシップ）

■代表的なインターンシップ紹介サイト

インターンシップガイド	https://internshipguide.jp/
インターンゲート	http://intern-gate.com/
インターンシップ総合研究所	http://www.internship-soken.com/
Infraインターン	https://www.in-fra.jp/long-internship

紹介サイトはたくさんあるので検索してみよう。大学のキャリアセンター（就職課）でも、インターンシップの受入企業の情報を紹介している。

ブラック企業に気をつけよう

CHECK POINT

ブラック企業に入らないようにしよう

□**しっかりと情報を集める**
過重労働や違法労働を強いる企業もある。しっかりと情報を集めよう。

□**ブラック企業を見分けよう**
判断に迷うときは、まわりの社会人に相談してアドバイスをもらおう。

□**内定のその先を考える**
使い捨てのための大量採用なら、内定をもらっても意味はない。

□**会社選びが将来に影響する**
入社してもすぐに離職してしまうなら、キャリア形成にも影響する。

先輩たちがおちいったブラック企業の事例

ブラック企業とは、どんな企業なのだろうか。先輩たちの事例を少し紹介しよう。

ある飲食業界でのケース。平日は毎日終電近くまで接客や店舗運営にかかわる仕事を行い、土曜日もほぼ毎週勤務。残業代が出ることもなく、給料は手取りでたった14万円程度。

また、ある不動産業界でのケース。１００件以上の電話営業が日課。数名が1つのチームとしてノルマを達成しなくてはならないので、契約が取れていない営業マンは土曜日や日曜日も出勤して、電話営業や商談をせざるを得ない。残業代は出ず、入社6カ月で9割の新入社員が離職。

早期の離職は転職活動にも不利

待遇面でのひどい扱いだけではない。人格を否定されるようなきつい罵声を浴びせられ、恐怖で支配されながら毎日働き、最後には精神的に追い詰められて退職するといったケースもある。

そんなブラック企業に入社して、早期に離職してしまえば、今後の転職活動、キャリア形成に大きな影響を与えることになる。そこで、ブラック企業を見分けるポイントを次ページで確認しよう。

ブラック企業を見分けるポイント

就職してから後悔しないために

ブラック企業は、過重労働や違法労働などによって、社員を酷使し、使い捨てにする。入社してからブラック企業とわかって後悔しないように、あらかじめしっかり情報を集めて、正しく判断しよう。

1.求人広告の文言に注意

リクナビ、マイナビといった求人広告に掲載されている情報を確認してみよう。「自己成長につながる仕事」「努力次第で年収○○万円以上可能」「夢を実現しよう」……、このように、学生が飛びつきそうな文言をたくさん並べている企業は要注意。

過酷な労働環境や仕事内容を美化して表現しているだけの可能性がある。

2.少ない選考ステップに注意

通常、新卒の採用では学生の能力や人物を見極めるために、エントリーシート、筆記試験、集団面接、個人面接、グループディスカッションと様々な選考ステップを経て内定を出す。面接も一般的には2回以上は当たり前で、回数の多い企業では5次面接や6次面接も。

そんななかで、1回の面接のみで簡単に内定を出す企業は要注意。こういった企業では、とにかく誰でもいいから大量に採用したいと考えている可能性もある。簡単に内定をもらえたからといって素直に喜ばないようにしよう。

3.高い初任給に注意

外資系企業、コンサルティング企業などの一部の企業では初任給が高いことはあるが、それ以外の場合、初任給は通常18万～23万円くらいが相場（地域、職種、勤務体系等にもよるので、同業種や同規模の企業と比較しよう）。

その相場に対して明らかに高い場合は、なにかしらの理由があると思っていい。ボーナスがない、昇給しない、人が集まりにくいといった理由で初任給が高いのかもしれない。しっかり注意しよう。

4.『就職四季報』の情報に注意

『就職四季報』（→50ページ）の「3年後離職率」「平均勤続年数」「有給消化年平均」「ボーナス年額」「35歳賃金」といった情報は、ブラック企業を判別するためのヒントになる。

ただし、「NA」（No Answer）というように、データが公表されていない項目も企業によっては存在する。企業の方針でデータを公開しない場合もあるが、なかには「隠したい」という思いで公開していない場合もある。

データが公開されていない場合は、さまざまな情報を集めて多角的に判断しよう。

5.説明の食い違いに注意

会社説明会での説明内容と、面接での内容が違ったり、面接時の労働条件と、内定時に提示される条件が違ったりと、企業側の説明が変わる場合は注意しよう。説明の内容が変わること自体が、学生に対する姿勢が疑われる。学生と真摯に向き合って対応してくれる企業を選ぼう。

「この企業、おかしいな?」と思ったら、自分だけで判断せず、キャリアセンターや身近にいる社会人に相談して、さまざまなアドバイスをもらおう。

Eメールによる資料請求

CHECK POINT

利便性は高いが、マナーも大切になる

- □**言葉づかいはていねいに**
  時候の挨拶は不要だが、言葉づかいはていねいにしよう。
- □**用件がすぐわかるように**
  何のメールか担当者がすぐにわかる簡潔なタイトルをつけよう。
- □**読みやすいレイアウトに**
  適度に改行を入れて読みやすくすることも大切だ。
- □**定型の依頼文を使う**
  社名や志望動機に関して、差しかえを忘れないようにする。

手軽でもマナーはしっかりと守る

Eメールは、送信ボタンを押した瞬間に相手に確実に届くので、ハガキのように万一の紛失がなく安心だ。しかし、手軽だからといっても、マナーはしっかりと守らなければならない。

企業宛のEメールでは、友人に送るメールのようなタメ口は禁物だ。また簡潔さは大切だが、電報のように短すぎるのも失礼になるので気をつけよう。

就職サイトや自社ホームページから、資料請求を受け付けている企業も数多くある。その場合は、規定のフォーマットに合わせて入力しよう。

Eメールでとくに注意すべきこと

ハガキと違って、一度書いた文書をコピー＆ペーストして使えるのがEメールの便利なところ。Eメールで資料請求する場合の定型の依頼文をあらかじめつくっておくといいだろう。

ただし、社名はもちろんのこと、本文に志望動機などを書く際には、それぞれの企業に合わせた差しかえや訂正を忘れてはダメ。定型文を使い回しているうちに、差しかえなしに、うっかりそのまま送信してしまうと、失礼になる。

企業宛のEメールの書き方

文字化けを起こさないための注意点

メールソフトの相性がよくないと、文字化けが起こることもある。とくに「（株）」などの省略記号、丸付き数字、ローマ数字などは送信後に文字化けが心配されるので、使わないようにしよう。

宛先:	○○株式会社　採用ご担当者様
CC:	
件名:	求人資料送付のお願い

何のメールかすぐにわかるよう簡潔なタイトルをつけよう

採用ご担当者様

前略

貴社の来年度求人に応募したく、資料のご送付をお願いいたします。

用件を先に書くと読んでもらえる可能性が高い。

行間をあけて読みやすいレイアウトにしよう。

環境問題への新たな提案をグローバルに展開されている貴社の企業姿勢に強く惹かれています。
現在、大学で学んでいる国際経営ゼミでの勉強を活かしたく、もし貴社に求人がございましたら、ぜひ受験させていただきたいと願っております。
つきましては、貴社の会社案内等の資料がございましたらご送付いただきたくお願いいたします。

お忙しいところお手を煩わせ恐縮に存じますが、なにとぞよろしくお願い申し上げます。

草々

神田　誠一郎（カンダ　セイイチロウ）
□□大学経済学部経営学科3年生
Eメール:kanda@○○.ne.jp
住所:〒16○-○○○○
東京都新宿区△△町○-○-○
電話:03-○○○○-○○○○
携帯:090-○○○○-○○○○

Eメールのソフトにある「署名（シグネチャ）」機能に、あらかじめ自分の名前や住所、学校・学部名、連絡先などを登録しておくと、複数の企業へのアクセスに便利だ。

とくに大学のキャリアセンター（就職課）のパソコンを使っている人は、あまり間をあけないようにして、定期的にメールチェックをしよう。

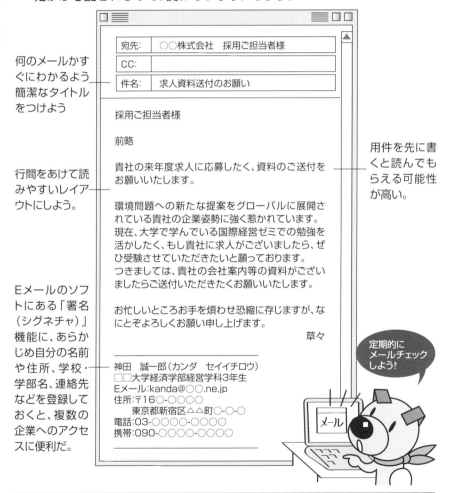

OB・OG訪問の依頼方法

CHECK POINT

さまざまな方法を使い、可能な限り訪問しよう

- □**早めに始める**
  企業が採用活動で忙しくなる前に、OB・OG訪問を始める。
- □**キャリアセンターに相談**
  キャリアセンター（就職課）で信頼できる人物を紹介してもらおう。
- □**先輩に紹介してもらう**
  ゼミの先輩をはじめ、すべての知り合いに当たってみよう。
- □**トラブルを警戒しよう**
  何か問題が起こった場合は、すぐにキャリアセンターに相談しよう。

キャリアセンターにまず行ってみよう

志望企業について本当に知りたい情報は、そこで働いている人から直接聞くのが一番。OB・OG訪問は企業研究に不可欠だ。

さらに、うまくすれば、選考を突破する秘策を教えてもらえるかもしれないし、将来につながる人脈を作るチャンスでもある。

OB・OG訪問をするのに早すぎる時期はない。企業側が対応に追われる3年生の3月より前からOB・OG訪問をするとよいだろう。もしその動き出しが3年生の8月であっても特に問題はない。

キャリアセンター（就職課）にまず行ってみよう。OB・OG名簿を閲覧したり、職員に相談してOB・OGを紹介してもらおう。

OB・OG訪問ではトラブルに注意しよう

ゼミの先輩や知人のつてをたどり紹介してもらう手もある。

また、フェイスブックやスマートフォン向けのアプリケーションを使って、OB・OG訪問を依頼するケースも増えている。

しかしいずれにせよ、面識のない相手と一対一になることをふまえ、トラブルに巻き込まれないよう注意しよう。何か問題が起こった場合は、すぐにキャリアセンターの職員に相談することも大切。

OB・OG訪問依頼のメールの例

メールでの依頼が一番

たとえ相手の電話番号を知っていても、仕事中にいきなり電話で割り込むのは、迷惑になりかねない。OB・OG名簿などで、メールアドレスがわかったなら、まずはメールで連絡をとろう。

宛先:　○○株式会社営業部○○様
CC:
件名:　OB訪問のお願い【□□大学・神田誠一郎】

件名に続けて、自分の大学名と氏名を入れておくとよい。

○○株式会社
営業部　○○△△様

突然のメールで失礼いたします。
□□大学経済学部経営学科に在籍しております神田誠一郎と申します。
私は現在、就職活動をしており、貴社に大変関心を持っております。

キャリアセンターで、○○様のご連絡先を教えていただき、
OB訪問させていただきたく、メールを差し上げた次第です。
お忙しいこととは存じますが、
ぜひ一度、お会いして、お話を聞かせていただけませんでしょうか。

どこでメールアドレスを知ったのかを明記しておこう。

いきなり厚かましいお願いをして恐縮ですが、
お返事をいただければ幸いに存じます。
何卒よろしくお願い申し上げます。

謙虚な姿勢で、返事を待っていることを伝える。

神田　誠一郎（カンダ　セイイチロウ）
□□大学経済学部経営学科3年生
Eメール:kanda@○○.ne.jp
住所:〒16○-○○○○　東京都新宿区△△町○-○-○
電話:03-○○○○-○○○○　携帯:090-○○○○-○○○○

簡潔で、しかも丁寧な文面を心がける。相手が会ってみたくなるような印象を残すことが大切。

OB・OG訪問のマナーと注意点

CHECK POINT

相手は多忙な社会人。負担をかけないように

□**質問は用意して行く**
何をきくかはその場で考えるのでなく、あらかじめ用意して行く。

□**待ち合わせ時間を厳守**
多忙な時間を割いてくれていることをよく考えよう。

□**場所は勤務先の周辺で**
相手に負担をかけずに済むし、会社周辺の雰囲気もわかる。

□**訪問後は礼状を出す**
簡単な挨拶でかまわないので、その日のうちに礼状を出そう。

相手の立場にたって訪問を計画しよう

ＯＢ・ＯＧは、自分の仕事だけで毎日充分に忙しいはずだ。その人の時間を割いてもらうのだから、待ち合わせ時間を厳守するのはもちろんのこと、気はつかいすぎるぐらいでいい。

訪問にあたっては、あらかじめ質問事項をしっかり考えておく必要がある。

職場の雰囲気のことなのか、仕事の内容なのか、業界の展望なのか、具体的にメモしておこう。そして、ＯＢ・ＯＧにアポイントを取る際に、それらの質問事項を伝えておくのがベストだ。

アポ取りの際に気をつけたいこと

アポ取りは、メール以外なら、電話を使うのが確実で早い。

注意すべきポイントは、相手が電話口に出た際、いきなり用件を話しはじめるのではなく、「今、お話ししてよろしいでしょうか」と、その時の相手の状況をうかがうこと。

もちろん、いきなりの電話より、手紙でアプローチするほうがていねいだ。その際は、手紙の文面に後日電話連絡する旨を書き入れるか、または返信用のハガキを同封するといいだろう。

自分の住所・氏名を書くことを忘れないようにしよう。

電話でのアポ取りの手順

さわやかさを印象づけよう

電話口でまごついたり、おどおどしたりしないよう、張りのある声でさわやかさを印象づけたい。待ち合わせ時間などをメモするための筆記用具は、あらかじめ手元に用意しておくこと。

電話対応の流れ	注意点
「お忙しいところ恐れ入ります。私、△○大学の△△と申します。」 「恐れ入りますが、○△課の○○様をお願いいたします。」 （相手が出る）	会社名を確認したら、大学名と自分の氏名を名乗る。 OB・OGへの取り次ぎをお願いする。  ●留守の場合 **「いつごろ、お電話を差し上げましたらよろしいでしょうか。」** **（相手の返答）** **「それでは、その時間にあらためさせていただきます。」**
（必要なら）「○○様でいらっしゃいますか。」 （必要なら）「突然のお電話で失礼いたします。」	
「お忙しいところ恐れ入ります。私、△○大学の△△と申します。」	
「大学の就職課にありますOB名簿で○○様のお名前を拝見いたしまして、本日は会社訪問のお願いでお電話をさせていただきました。」	まず簡単に要件を述べ、電話で今話す時間があるか尋ねる。
「ただ今、お時間はよろしいでしょうか。」 （相手の返答）	 ●都合が悪い場合 上記（留守の場合）と同じように言う。
「ご多忙中とは存じますが、短い時間でけっこうですので、お話だけでもきかせてはいただけないでしょうか。」 （相手の返答）	了解が得られてから、OB・OG訪問のお願いをする。
「お忙しいときに、ありがとうございました。」 「それでは×月×日×時にうかがわせていただきます。どうぞよろしくお願いいたします。」 「失礼いたします。」	相手が切ったのを確認してから、静かに受話器を置く。

OB・OG訪問でききたいこと

CHECK POINT

タテマエではなく、ホンネの情報をきこう

□**非公開情報をきこう**
OB・OGだからこそきける、ホンネの情報をきき出そう。

□**短い時間で要領よく**
あらかじめ企業研究をして、ききたいポイントを絞っておこう。

□**会話に流れをつくる**
唐突に話が展開しないように、流れの中で質問するように心がける。

□**相手に不快感を与えない**
相手が話したがらないことをしつこく追求するのはタブー。

毎日どんなふうに働いているのか？

OB・OGにもっともききたいのは、その会社で働く場合の具体的なイメージだ。会社説明会できけるような内容は省こう。

たとえば、日々どういった業務をどのような流れで行っているのか、職場の雰囲気はどうかなどをきくといいだろう。正直に今の仕事や会社のことをどう思っているのか、OB・OGのホンネはなかなかきけなくても、なんとなく感じ取れれば成功だ。

ただしあまりしつこくして、印象を悪くしないこと。見えないところで採用担当者とつながっていることを常に意識しておこう。礼儀をわきまえ、節度を忘れないようにしたい。

きいた内容や感想は早めにまとめておこう

OB・OGに会って感じたこと、不安に思ったことなどは、忘れないうちにきちんとノートにまとめておこう。

まとめているうちに、きき忘れてしまったことなどもわかってくる。その場合は、手紙かメールで、お礼とともに再度質問してみるといいだろう。

手紙の場合には、アポ取りのときと同様、返信用ハガキを同封しておこう。

OB・OG訪問で尋ねる内容は?

具体的な質問リストを用意しよう

いきなり「今のお仕事はどうですか?」などと尋ねてみても、相手はどう答えていいかわからないだろう。OB・OGが答えやすいように、できるだけ具体的な質問をぶつけてみよう。

■ぜひ尋ねてみたい質問

- □ 現在はどのようなお仕事をされているのですか?
- □ 朝出社されてから帰られるまで、毎日をどのように過ごされているのでしょうか?
- □ とくにお忙しい曜日とかはございますか?
- □ 一年で一番お忙しい時期はいつですか?
- □ なぜ○○さんはこの会社に入られることを決断されたのでしょうか?
- □ ○○さんが入社される前と後で、会社に対するイメージはお変わりになりましたか?
- □ 変わったとすれば、どうお変わりになったのでしょうか?
- □ 社内の雰囲気は、どのように感じておられますか?
- □ 仕事が大変だと思うのは、どんなときでしょうか?
- □ 仕事がおもしろいと感じるのは、どんなときでしょうか?

■ダメな質問

- ■ 御社の離職率は高いですか?
- ■ 御社の社員は若い人ばかりのようにお見うけしますけど、なぜなんですか?
- ■ サービス残業とかはいっぱいありますか?
- ■ 毎日定時に帰宅できますか?
- ■ 休日出勤とかはありますか?
- ■ 有給休暇はきちんと消化できていますか?
- ■ 営業ノルマはけっこうきついですか?
- ■ やっぱり最初は営業に配属ですかねえ?
- ■ 感じの悪い上司とかいます?
- ■ なんとかうまく御社にもぐりこめるよう取りはからってもらえませんかねえ?
- ■ 御社は海外展開とかやられてるのでしたっけ?
- ■ 長期の海外出張なんて楽しそうですね?

いくらホンネを
ききたいからと
いっても、こんな質問
のしかたはダメ!

OB・OGが採用担当者の代理として面会する場合もあるので注意しよう。リラックスした雰囲気は必要だが、無駄口は厳禁だ。

お礼のメールやハガキを送ろう

CHECK POINT

相手の世話に対して きちんとお礼を述べる

□**常識やマナーが見られる**
社会人としてお礼を述べるのが当然の場面として考えよう。

□**メールやハガキを使う**
お礼なのに、電話で忙しい相手の時間に割り込むのは考えもの。

□**資料送付に対するお礼**
会社案内などが届いたら、早めにお礼のメールかハガキを出す。

□**OB・OG訪問のお礼**
OB・OG訪問のあと、その日のうちにメールかハガキを出す。

資料送付に対するお礼のメールやハガキ

採用担当者は、社会人としての常識やマナーをもっているかどうかを最低限の条件として選考を行う。会社案内などの資料を送付したときの反応も、チェックされることを覚悟しよう。

資料が送られてきたときには、すぐにお礼のメールかハガキを出そう。あるいは、それを読んで、内容に関して一歩踏み込んだ質問をしてもいいだろう。

熱意を伝え、採用担当者に好印象を残すことが大切だ。

それをきっかけにして、採用担当者とメールのやりとりでも始まれば、さらに好印象につながる可能性がある。

OB・OG訪問のあとのお礼も大切

また、OB・OG訪問をしたあとでも、あまり間をあけず、できればその日のうちにOB・OG宛にお礼のメールかハガキを出しておこう。ここは電話でなく、相手の都合で、いつでも手のあいた時間に読むことのできるメールかハガキがいいだろう。

忙しい中、時間を割いてもらったことへのお礼と、OB・OGの話の内容に関する感想を書くようにする。お礼が目的とはいえ、熱意の伝わる文面にしよう。

お礼のメールの例

お礼は早めに出すのが基本

遅くなると、忘れていたのか、と思われ、逆に悪い印象を与えかねない。ハガキならなおのこと、メールもその日のうちに出そう。「取り急ぎお礼まで」の言葉を書き添えておくことも大切だ。

■資料送付に対するお礼

宛先:	○○株式会社　採用ご担当者様
CC:	
件名:	求人資料送付のお礼【□□大学・神田誠一郎】

採用ご担当者様

前略

このたびは突然にもかかわらず、貴社の会社案内をお送りくださいましてありがとうございました。
これから拝見いたしまして、なにかまた質問が生じましたら、あらためてご連絡させていただければと存じます。

取り急ぎ御礼まで申し上げます。

草々

■OB・OG訪問のお礼

宛先:	○○株式会社営業部○○様
CC:	
件名:	OB訪問のお礼【□□大学・神田誠一郎】

○○様

前略

本日OB訪問をさせていただきました□□大学経済学部経営学科3年の神田誠一郎です。
本日はお忙しいところお時間を取っていただきまして、まことにありがとうございました。

ホームページや資料などではわからなかったことなどを知ることができ、たいへん勉強になりました。とくに「顧客を最重要視する」という姿勢がいかに職場を活気づけているかというお話はたいへん刺激的で、私もぜひそんな環境で自分を試してみたいという気持ちを強くいたしました。

またご相談にうかがう機会もあるかと存じますが、その折はよろしくご指導くださいますようお願い申し上げます。

取り急ぎ御礼のみ申し上げます。

草々

神田　誠一郎（カンダ　セイイチロウ）
□□大学経済学部経営学科3年生
Eメール:kanda@○○.ne.jp
住所:〒16○-○○○○　東京都新宿区△△町○-○-○
電話:03-○○○○-○○○○　携帯:090-○○○○-○○○○

ハガキでよい印象を与える！
手書きの文字に自信があるなら、ハガキでもいい。採用担当者によい印象を与えるだろう。ただし、くれぐれも遅くならないように。

会社を自分の目で確かめる

CHECK POINT

自分の目で見れば、意外なことがたくさん

- □**実際の社屋を見てみる**
  会社案内の写真と実際の社屋には、かなりギャップのあることも。
- □**会社の雰囲気がわかる**
  会社に出入りする人、働く人の様子をしっかり観察しよう。
- □**面接などの下調べになる**
  道に迷って試験に遅れても言い訳にならない。下調べは大切だ。
- □**面接での話題にできる**
  店舗なら、客として入ったときの印象などを話すといいだろう。

見ると聞くとは大違い、なんてこともある

社屋の外観の良し悪しが、そのまま企業の良し悪しであるわけはない。そのことを会社選びの決定的な判断材料にすることはないにしろ、実際に自分の目で会社を見ておくことにはたくさんのメリットがある。意外なことに気づくこともあるはずだ。

会社案内などに掲載されている写真は、プロのカメラマンが撮影しているので、写真をイメージして訪ねていくと、社屋が見つからない、なんてこともある。

大企業なので自社ビルの大きな社屋に違いない、と思っていたら、古いテナントビルに小さな看板が出ていただけだった、なんてこともあるだろう。

会社とその周辺の雰囲気を知ろう

会社とその周辺の雰囲気は、実際に足を運んでみないとわからないもの。

流通業やサービス業の会社を目指しているなら、客として店舗に入ってみるといいだろう。そこで仕事をしている人は生き生きとした笑顔で働いているか、ほかの客は満足そうかなど、しっかりと観察してこよう。

会社選びに役立つだけでなく、面接での話題にもできるはずだ。

会社を見る際のチェックポイント

出入りしている人の様子に注意!

実際に会社を見に行ってみよう。深夜になっても、どの窓の灯りもまったく消えない。出てきた社員は亡霊のように疲れきっていた。そんなOB・OG訪問でもきけなかった情報が手に入るかも。

■最寄り駅からの距離や道のりの雰囲気はどうか?

駅から距離がある場合は、信号の数なども数えておこう。面接などの際に、いくつも信号に引っかかって遅刻、ということにならないためだ。

■社屋は自社ビルか、そうでないか?

自社ビルだからすごいということではなく、自社ビル以外の場合は移転する可能性も高い。本社以外は自社ビルでないことがほとんどだ。わかりにくいのは、全館その企業が入っているのに自社ビルではない場合。入口に社名が入った看板以外に、まったく違うビル名が書いてあるのがそのケースである。

■出入りする人々の様子はどうか?

活況な企業は、社員や取引先の人々が頻繁に出入りしている。出入りしている人の様子などからも会社の雰囲気がわかる。

くれぐれも怪しまれないように、さりげなく様子をうかがおう。会社の近くに喫茶店などがあれば、そこから観察するのが順当だ。

公募していない企業へのアプローチ

CHECK POINT

問い合わせてみれば意外なことがあるかも

□**採用がないとは限らない**
公募していないからといって、採用がないとは限らない。

□**すぐれた人材は必要**
やる気と実力があれば、基本的にどんな企業もほしいはずだ。

□**熱意を伝えることが大切**
自分がなぜ応募したいのか、志望動機を真摯に伝えよう。

□**ダメでもともと**
勇気をもってぶつかれば、道が開かれるかもしれない。

公募がなくてもアタックしてみよう

就職サイトに募集が出ていない場合、その企業が独自で募集をしていないか、ホームページに採用情報を探してみよう。キャリアセンター（就職課）の求人票もチェックして、それでも採用情報が何もない場合は、直接アタックするしかない。とくに4年生の就職活動も後半に入った頃、志望する企業も減ってきたときは、もう躊躇している場合ではない。

募集はしているがあまり興味のない会社より、興味のある会社で採用の可能性を探ったほうが、ミスマッチは防げる。可能性があるなら、たやすく妥協しないことが大切だ。

真摯な気持ちを手紙で伝えよう

最初のアプローチは、人事担当者宛に手紙を出すのが無難だ。電話で問い合わせると「公募していません」の一言で終わってしまうかもしれないし、メールを送ってみても、人事担当者がそれを見るとは限らない。

志望動機などをしっかりと書いて、採用の予定がないか尋ねてみる。真摯な気持ちさえ伝われば、もしかしたら、予定がなくても、その時点から採用を考えてくれるかもしれない。

求人の問い合わせの手紙の書き方

ビジネス文書は簡潔さが基本

その企業を知った経緯、志望の理由などを記し、採用予定があるかどうかを尋ねたうえで、あれば詳しい資料を送ってほしいことなどを書く。あまり長文にならないよう、簡潔にまとめよう。

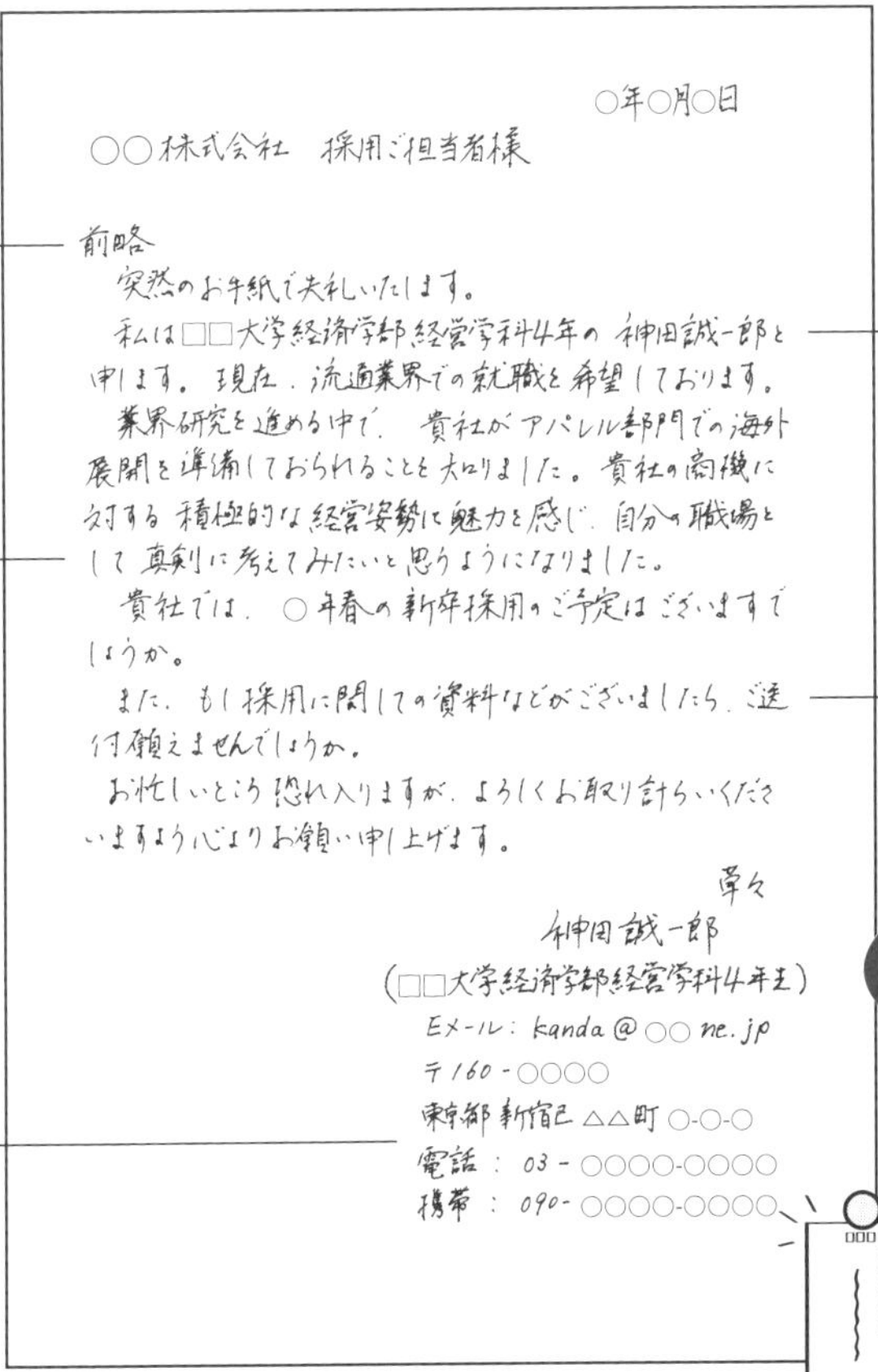

○年○月○日

○○株式会社　採用ご担当者様

前略

突然のお手紙で失礼いたします。

私は□□大学経済学部経営学科4年の神田誠一郎と申します。現在、流通業界での就職を希望しております。

業界研究を進める中で、貴社がアパレル部門での海外展開を準備しておられることを知りました。貴社の商機に対する積極的な経営姿勢に魅力を感じ、自分の職場として真剣に考えてみたいと思うようになりました。

貴社では、○年春の新卒採用のご予定はございますでしょうか。

また、もし採用に関しての資料などがございましたら、ご送付願えませんでしょうか。

お忙しいところ恐れ入りますが、よろしくお取り計らいくださいますよう心よりお願い申し上げます。

草々

神田誠一郎

（□□大学経済学部経営学科4年生）

Eメール：kanda@○○ne.jp

〒160-○○○○

東京都新宿区△△町○-○-○

電話：03-○○○○-○○○○

携帯：090-○○○○-○○○○

時候のあいさつは省き、「突然のお便りをお許しください」程度でいいだろう。

就職の志望先として考えていることを簡潔に伝える。

自分の連絡先を忘れずに書いておこう。

まず自己紹介をしよう。大学、学部名、専攻、現在就職活動をしていることなどを書く。

採用予定を尋ねる。

資料の送付をお願いしたら、返信用の封筒（会社案内が入る大きさ）を同封しよう。自分の住所を書いて、切手を貼っておくこと。

多すぎる情報の整理をどうする？

CHECK POINT

収集するだけでなく整理しなければダメ

□**最初は広く浅く集める**
業界や企業の情報は、最初の段階では広く浅く集める。

□**情報を絞り込む**
次の段階で、ポイントを決めて、情報の取捨選択を行う。

□**共通項によってくくる**
情報は共通項を探して、グルーピングすると扱いやすい。

□**優先順位をつける**
企業の情報は優先順位をつけて読んでいこう。

気になった企業を共通項でまとめていこう

　企業に関する情報は、闇雲に集めていると、集まりすぎるほど集まるもの。最初は間口を広く、柔軟に情報収集をしたほうがいいが、次の段階に進むには、絞り込みのポイントを自分なりに明確にする必要があるだろう。いつまでも情報の海におぼれていては、何も決めることができない。

　そこで、ばらばらな企業の情報に共通項を見つけてグルーピングしてみよう。その中で優先順位をつけてみる。優先順位で下のほうになった情報は、ひとまず放っておくこともできるだろう。

　優先順位の上にきた企業の情報については、自分がどこに惹かれたのかを意識しながら読み直してみよう。

就職活動の後期には新たな視点も必要になる

　集めた企業の情報は、就職活動が終わるまで、とりあえずすべて保管しておこう。

　4年生の夏になっても、思うように就職活動が進んでいない場合は、最初から情報のチェックをやり直さなければならない。

　当初自分がどのようなポイントによって企業を絞り込んでいったかがわかるよう、会社選びの過程を記録しておくといいだろう。

企業情報の絞り込み方

志望企業の優先順位をつける

最初に流し読みをしてチェックした企業の情報には、どのような共通項があっただろうか? 共通項によって情報をグルーピングしたうえで、企業に優先順位をつけて並べ替えてみよう。

■業界でくくる

志望業界がすでに決まっていれば当然、業界を共通項としてくくることができる。絞り込みのポイントを決めて、その中での優先順位をつけてみよう。

■職種でくくる

営業なら営業というように、業界よりも仕事内容で選んでいる人は、職種でくくってみる。同じ職種でも業界によって仕事のしかたは異なることに注意して、企業に優先順位をつけていく。

■企業規模でくくる

安定性や知名度などが気にならないといえば嘘だろう。資本金や社員数などを見て、グルーピングしてみる。その中で、将来性なども考えて企業に優先順位をつけていくといいだろう。

■社風でくくる

入社後に、意外とあなどれないのが社風。なんとなくでも感じとれた社風でくくってみるのもひとつの方法だ。そこから絞り込んでみてもいいだろう。

■待遇でくくる

給料が高い、休みが多いなどの条件が共通項なら、その中で興味がもてそうな仕事順に優先順位をつければいい。

仮に興味がわいても、自分がその企業や会社に向いているかは冷静に考えよう。もう一度、自己分析したことと照らし合わせてみよう。

スマートフォンを上手に使おう

CHECK POINT

情報戦に勝利するため上手に使いこなそう

□**時間のムダをなくす**
パソコンの前でなくても、電車の移動中などにできることもある。

□**情報収集をまめに行う**
企業のホームページなどからいつでも必要な情報を得よう。

□**通信手段として活用しよう**
企業からパソコンに届いたメールなどにも迅速に対応しよう。

□**使い道は豊富**
アプリケーションもさまざまなので、自分なりの使い方を考えよう。

スマートフォンを使い、時間を有効活用しよう

短期決戦の就職活動、時間は有効に使いたい。そこで便利なのが、スマートフォンと（スマートフォンにダウンロードして使う）アプリケーションだ。

仮に外出先で、パソコンが手もとになくても、スマートフォンがあれば、すぐにメールの送受信ができる。移動中にも利用しやすく、時間のムダがなくなる。

あえて、スマートフォンで難しいこと（ストレスがあること）をいえば、エントリーシートの作成などテキスト量の多い文章作成だろう。しかしなかには、スマートフォンを使って、パソコンと変わらないスピードで文章作成ができる学生もいる。上手に使えば、スマートフォンは小型化されたパソコンになり得るのだ。

業界・企業研究などの情報収集に便利

企業のコーポレートサイトや採用サイトのほとんどは、スマートフォンでも見やすいように最適化されている。情報収集のためにパソコンの前に座る必要はない。スマートフォンでいつでもどこでも行えるのだ。たとえば、面接前の一瞬に、志望企業のホームページに目を通し、必要な情報を集めることもできるだろう。

スマートフォンの便利な使い方

就職活動に活かせるアプリケーション

就活関連のアプリのほか、スマートフォンにダウンロードをしておくとよい便利なアプリを下にいくつか紹介した。これらを活用して、就職活動をより効率的に行おう。

●リクナビ
●マイナビ
就活生が受験する企業のほとんどが登録しているだろうサイトのアプリ版。企業検索をした後にそのままエントリーができ、自分の応募した企業の管理などもアプリから行える。

●Wantedly 就活メール・テンプレ
就活で使うシーンの多いビジネスメールのテンプレートが見られ、そのテンプレートをベースに編集を行うことができる。ビジネスメールのマナーに慣れるまで活用するといい。

●Googleマップ
現在地から会社説明会や面接の会場までの正確な移動ルートを表示してくれ、到着時間から逆算して出発時間も検索できる。目的地リストを作成してデータを保存しておくことも。

●SmartNews
ニュース記事をまとめて、最新の情報を発信するアプリ。政治や経済などカテゴリーごとに知りたい情報を素早く探せる。トンネル内や地下にいてもストレスなく記事を読める。

●電源カフェ
自分の現在地から近くで電源が使えたり、Wi-Fiが使えるカフェなどの施設を検索できるアプリ。面接と面接の合間や、説明会と説明会の間にカフェなどでPCを開きたいときに便利。

●日本経済新聞・電子版
就活では必読といわれる日経新聞の電子版。会社説明会や面接の直前、あるいは電車の中など新聞を開くのがためらわれる場所でも、スマートフォンがあれば記事閲覧ができる。

●Microsoft Word、Excel
Word、Excelで作った書類をアプリで閲覧でき、また編集することも可能。Wordで作成したエントリーシートや、Excelで作成した受験企業リストも閲覧・編集できる。

スマートフォンのスマートは形容詞で「賢い」という意味。いくら電話が賢くても、使っている人まで賢くなるわけではないので、念のため。

COLUMN

女子学生へのアドバイス

女性は、男性よりも、結婚や出産など人生で起きうるイベントの影響を受けやすいと言っていいだろう。そのため、将来起きうるこれらのイベントを考慮して就職先を探さないといけない、選ばないといけない難しさがある。

そこで女性に必ず行ってほしいのが企業研究だ。産休や育休の制度が気になる、結婚や出産などのイベントを経験した後も長く仕事を続けていきたいという希望をもっているのであれば、その制度があるのかどうかを調べてほしい。そしてまた、第一志望の会社であるなら、その制度は生きた制度であるかどうかも確認してほしい。ほとんどの会社は会社のホームページ、募集要項のページなどにその記載があるが、それが実際に活用されている制度なのかどうかがわからない場合もある。その場合は、会社説明会や採用担当窓口などで確認するとよいだろう。聞くと心象が悪くなってしまうのではと気になる学生もいるだろうが、「御社の志望度が高く、長く働きたいという気持ちが強いため、伺いたいのですが……」などと、志望度の高さ、本気度を伝えれば、逆にプラスにとらえられるはずだ。

将来の自分が後悔しないように企業研究をしてほしいが、まだ自分にとって譲れないポイントがわからない、といった学生は、ひとまず先輩たちのアドバイスを参考にしてみよう。

例えば、就職情報会社ディスコのアンケート調査によれば、女子学生が企業研究で意識したり調べたりしたことには、多様な働き方の制度（在宅勤務、フレックスなど）、残業や休日出勤の実態、育児休業の取得率、女性社員の人数（男女比率）、転勤の実態、女性社員の平均勤続年数、女性管理職の人数（割合）といったポイントが並んでいる。こういった情報に触れることで、この要素は欠かせないなとか、この要素は私はあまり気にしていないなといった気づきも得られるだろう。

先輩たちのアドバイスなどを参考にし、自分の企業選びのポイントを整理しながら、企業研究をすることをお勧めしたい。

第4章

エントリーシートと履歴書

エントリーシートって何だろう？

CHECK POINT

書類選考の材料と面接の資料にされる

- □**書類選考の材料になる**
  面接の資料でもあるが、まずは書類によるふるい分けに要注意だ。
- □**大学名だけでは合格できない**
  文章から、資質や能力などを測られる。
- □**3つのタイプがある**
  どのタイプでも、しっかりと自分をアピールできるようにしよう。
- □**企業の採用方針がわかる**
  エントリーシートの形式は、採用方針によって異なる。

個人の資質や能力が重要視される

会社説明会に行く前には、企業の情報収集をしてから臨んだほうが効率的。それと同じように、企業側も選考の効率を考えれば、面接の前に、幅広い学生の情報を仕入れて、ふるい分けをしておきたい。その役割を担うのがエントリーシートである。

企業側の選考の判断基準は、大学名など履歴書でわかるような情報よりも、個人の資質や能力を重要視するようになってきている。エントリーシートを使うことで、書類選考の段階からそれを評価対象とすることができる。

相手の詳細な、見えにくい情報を知りたいのは、学生も企業も同じというわけだ。

エントリーシートの形式に注目しよう

エントリーシートは大きく分けて次の3つのタイプがある。

①履歴書タイプ
②設問に対して詳しく回答させるタイプ
③専門知識を問うタイプ

それぞれの企業の採用方針によって、エントリーシートの形式も異なる。逆にいえば、エントリーシートの形式で、ある程度、企業の採用方針もわかるということ。左のページで確認しよう。

エントリーシートの3つのタイプ

エントリーシートの形式でわかる採用方針

「履歴書タイプ」なら、広く多くの学生を集めている。「設問に対して詳しく回答させるタイプ」なら、応募段階で人数を絞り込む方針。「専門知識を問うタイプ」は、職種別採用で多く使われる。

形式	特徴と対策	質問事項の例
①履歴書タイプ	門戸を広くして多くの学生のエントリーを期待している場合に使用されることが多い。記入の注意事項や説明をよく読み、読みやすさを心がけて書こう。	氏名、大学名、学部・学科、専攻、ゼミ、資格、住所・連絡先など
②設問に対して詳しく回答させるタイプ	応募段階で人数を絞り込もうとしている場合に使用されることが多い。面接の重要な資料になるので、要注意だ。相手が何を知りたいのか、出題の意図をきちんと読みとろう。基本的な文章能力も試される。	・自己PRをしてください。 ・あなたの長所・短所はどんなところですか? ・学生生活で打ち込んだことは? ・当社で何がしたいですか? ・あなたにとって仕事とは? ・10年後のあなたをイメージしてください。
③専門知識を問うタイプ	大学で学んだ専攻や技術について、知識・能力をテストする設問が並んでいる。専門職や職種別採用をしている企業が、最低限の基礎学力を把握するねらいで用いられることが多い。	・日本のFTAに関して、もっとも重要な課題は何だと思いますか? ・次世代高速通信に必要な技術開発を挙げてください。 ・M&Aにはどのような種類があるか答えなさい。

「専門知識を問うタイプ」であまり答えられなければ、企業の求める能力を満たしていない可能性がある。

エントリーシートを入手しよう

CHECK POINT

入手方法は企業によってさまざま

□資料に同封されてくる
エントリーシートは会社案内などに同封されてくる場合もある。

□Webエントリーもある
ホームページのエントリーフォームで受け付ける企業も多い。

□提出する期限に注意する
入手する際には、必ず提出の期限を確認しておくこと。

□志望先にはすべて提出
これを出さなければ、次の段階はない。がんばって書こう。

いつ、どうやって入手すればいい？

エントリーシートの提出は、多くの企業で3年生の3月下旬から始まる。いくつかの企業で期限が重なる場合もあるが、計画を立てて取り組もう。

まず、エントリーシートを入手するために、それぞれの企業の配布開始の時期に注意しよう。

とはいえ、入手方法は企業によってさまざまだ。

会社案内などの資料に同封されて郵送されてくる場合もあれば、ホームページ上でエントリーフォームによって受け付けている企業もある（Webエントリー）。あるいは、ホームページからエントリーシートをダウンロードし、プリントアウトして入手するところもある。

いずれにしろ、事前に下書きなどの準備をしてから取り組みたい。

志望企業のすべてに提出しよう！

エントリーシートは企業にとって重要な選考材料なので、志望企業には基本的に全部提出したい。

しかし、絞り込みがうまくできていなければ、エントリーシートを書くだけでも大変だ。志望先に優先順位をつけ、効率的に作業を進めなければならない。

エントリーシートの大切な前提

自己分析、業界（企業）研究をしっかり進めておく

「設問に対して詳しく回答させるタイプ」のエントリーシートに関してはとくに、それを入手し、記入するまでの前提として、充分な自己分析、業界（企業）研究を進めておかなくてはならない。

■自己分析
- ●得意なことと不得意なこと
- ●長所と短所
- ●好きなことと嫌いなこと
- ●なりたい自分となりたくない自分

■業界（企業）研究
- ●業界そのものの将来性や発展力
- ●企業の求める人材像
- ●経営理念
- ●事業内容
- ●経営実績・業務実績
- ●今後の業務展開
- ●新分野への挑戦など

■文章力
- ●感受性
- ●分析能力・判断力
- ●論理性

これらを活用してエントリーシートを書く

■エントリーシート
- ●自己PRをしてください。
- ●あなたの長所・短所はどんなところですか?
- ●学生生活で打ち込んだことは?
- ●当社で何がしたいですか?
- ●あなたにとって仕事とは?
- ●10年後のあなたをイメージしてください。

採用担当者はここを読みとる

- ●具体的な体験から自分を語っているか?
- ●自分なりの将来像を思い浮かべているか?

- ●その業界（企業）、仕事を志望する意欲はどの程度あるのか?
- ●ビジネスとして「好き」を越えた関心を企業にもっているか?
- ●仕事像ができているか?

- ●できるだけ多くの情報を前提として、どれほど的確な結論を導き出すことができるか?
- ●自分の言葉で考える力があるか?
- ●論理的に筋道をたてて物事を考えられるか?
- ●幅広い視野をもっているか?

エントリーシートは
筆記試験対策
として有効!

提出が集中する時期になると、かなりの数をこなさなければならない。文章が苦手な人は、文章力を身につける努力をしよう。

エントリーシートの基本常識

CHECK POINT

印象的で、しかもわかりやすく書こう

□下書き用のコピーをとる
エントリーシートは、コピーしたものを練習や下書きに使おう。

□文字は読みやすく
文字は上手である必要はないが、ていねいに読みやすく書こう。

□レイアウトを工夫する
タイトル、見出しなどは文字の大きさをかえてもいいだろう。

□全体の構成に配慮する
箇条書きにする、結論を最初に述べるなどの工夫をしよう。

会社案内と同じように「自分案内」をつくろう

志望企業の概要は会社案内で知ることができるが、その逆に、学生の概要を企業へ伝える最初のツールがエントリーシートだ。

だから、エントリーシートを記入する際は、逆の立場にたって、どんな会社案内に魅力を感じたかを考えてみるといい。

企業には大量のエントリーシートが送られてくるのだから、すべての人の全文が読まれるとは限らない。その数は、こちらが請求した会社案内とは比較にならないくらい多いはずだ。

まず、内容を読まれる前の第一印象が大切になる。

手書きの場合、採用担当者が思わず目を留めて読みたくなる見出しやレイアウトになっているか、そうした点にも配慮しよう。

内容だけでなく形式面での工夫も重要

もちろん見た目ばかりでもダメだ。最後まで読ませるためには、わかりやすい構成であることも大切になる。どうしても訴えたい結論は、最初にもってくるなどの工夫をしよう。似たような内容でも、形式面の工夫で差がつく。

いずれにせよ、エントリーシートの記入には、見た目、形式、内容のどれもが重要なポイントだ。

エントリーシート・これはOK？

エントリーシートのマナーとタブーとは？

「設問に対して詳しく回答させるタイプ」のエントリーシートやフリーフォーマットの場合、自由な分、逆にどうしていいかわからなくなることがある。こんなときはどうしたらいいのだろう？

■目立たせるために色を使ってもよい？

基本は黒。

とはいえ、手紙や履歴書と違って、フリーフォーマットの場合は、重要なポイントには色を使ってよいケースもある。ペンの色が限定されていなければ大丈夫。ただし、色を使うことでわかりにくくなるのは避けたい。

■パソコンで書いてはダメ？

手書きが基本。

ただし、フリーフォーマットの場合、とくに注意がなければOK。むしろ図版や表などを作成して、パソコン能力や個性をPRできるチャンスでもある。

■記入欄はどのくらい埋めればいい？

記入欄はスペースの9割を埋めたい。

といっても、蟻のような小さな文字でびっしりと埋める必要はない。文字の大きさや行間に関して、読みやすさを心がけよう。箇条書きが効果的な場合もあるだろう。

■スペースをはみだして書いてもいい？

スペース内に収めるのが原則。

あらかじめ分量を計算してとりかからなければならない。そのためにも、下書きが必要。書き切れないからといって、後半になって、文字が小さく詰まった感じになると、みっともない。こうしたところからも、採用担当者は、計画性があるかないかを読みとるだろう。

■間違えたら修正液はOK？

基本的に修正液は使わないほうがいい。

エントリーシートはコピーが可能であるため、何度も書き直しができる。それにもかかわらず、修正液を使うと、意欲の低さが伝わってしまう。

エントリーシートの形式は企業によってさまざま。記入上の注意をしっかり読んだうえで、規定を守って書かなければならない。

エントリーシートで定番の設問

CHECK POINT

定番だからこそ、早めに対策を練ろう

□**定番の設問を知っておく**
自己PRや学生時代にがんばったこと、志望動機に関してはよくきかれる。

□**具体的な回答をする**
これまでの体験、業界（企業）研究の成果と結びつけて答える。

□**定番の設問には同じ回答をする**
定番の設問には、すでに作っている定型文をベースに書く。

□**設問の意図を読みとる**
何がききたいのかをよく理解したうえで、回答しよう。

エントリーシートには定番の設問もある

エントリーシートの中でも、「設問に対して詳しく回答させるタイプ」では、ほとんど定番となっている設問がある。まずそれらを知っておこう。

自己ＰＲに関しての設問は、必ず出されると思っていい。たとえば、率直に「自己ＰＲしてください」と問われることもあれば、「あなたの長所・短所はどんなところですか？」「仕事に活かせるあなたの能力とは？」といったかたちで出題されることもある。

また、学生時代にがんばったことに関する設問も必ずといっていいほど出題される。それは「学生時代でもっとも困難な経験は何ですか？」「学生時代に経験した挫折について教えてください」といったかたちで出題されるだろう。

一般的な回答をあらかじめ用意しておく

こうした定番の設問に対しては、４００字や２００字などで回答をつくっておき、それを使い回してもいいだろう。自己ＰＲに関しての設問では、それが有効な場合も多いはずだ。

しかし、志望動機に関する設問では、それぞれの企業によって内容をかえなければならない場合も当然出てくるので注意しよう。

定番の設問と回答のポイント

どんな設問にも具体的に答えることが大切

エントリーシートでは、自己PRや志望動機のほかに、将来設計に関してもよくきかれる。また、フリープレゼンテーションの出題には、だれもが頭を悩ますだろう。どんな設問にも具体的に答えよう。

	設問例	ポイント
●自己PR	・自己PRをしてください。 ・あなたの長所・短所はどんなところですか? ・学生生活で打ち込んだことは? ・仕事に活かせるあなたの能力とは?	抽象的に長所を述べてもしかたない。自分の基本的な行動特性やものの考え方が、社会生活や将来の仕事において役立つものであることを強調しよう。たとえ短所であっても、長所に転換できることを訴える。回答を説得力のあるものにするには、具体的な肉づけが不可欠だ。
●志望動機	・当社で何がしたいですか? ・あなたにとって仕事とは? ・当社のイメージはどうか?	業界(企業)研究の成果と結びつけて、できるだけ具体的に答えなければならない。「当社で何がしたいですか?」などと問われた場合には、同業他社のどこにも当てはまるような志望動機ではなく、その会社だけに当てはまる理由を述べて、熱意を伝える。
●将来設計	・10年後のあなたをイメージしてください。 ・どんな人間になりたいですか?	どんな人と結婚して、子どもは何人いて、などといった、私生活のヴィジョンを述べる必要はない。仕事を通じて、どのように自己実現していくかが問われている。そのことをわきまえたうえで、具体的に回答しよう。
●フリープレゼンテーション	・A4の紙を1枚使い、あなたを表現してください。 ・あなたの今後の自己育成プランを下のスペースを使って自由に書きなさい。	チラシなどの印刷物を参考にして、自分に関するインパクトのある広告をつくる。長い文章を読ませるよりも、図やグラフ、イラストなども入れて、「見せる」工夫をしよう。

学校のキャリアセンター(就職課)が添削指導をしているなら、ぜひそれを利用したい。また、親や友だちに読んでもらい、意見を求めよう。

自己PR例1 長所・短所を尋ねられたら？

CHECK POINT

必ず理由を述べ、短所は長所に転換する

□**自分を冷静に見つめる**
どれだけ冷静に自分を見つめることができているかがポイント。

□**ポジティブ志向で答える**
短所でも、それを前向きな方向において肯定できることが大切だ。

□**具体例で理由づけをする**
長所・短所のいずれでも、具体的なエピソードを添えて説明する。

□**文章の整合性に注意する**
エピソードと結論に整合性がなければ、説得力に欠けてしまう。

抽象的な設問には具体的な答えを返そう

「長所・短所はどんなところですか？」といった設問には、数多くエントリーシートに当たっていれば必ず出くわす。

つかみどころのない、とても抽象的な設問に思えるだろう。しかし、こうした抽象的な設問に対して、同じように抽象的な答えを返していてはダメ。企業は屁理屈好きの哲学者などを求めているわけではないのだ。

このような場合には、回答はより具体的に、自分の体験などをエピソードとして引用しながら展開しよう。

文章の整合性が説得力のカギになる

ここで必要になってくるのが、文章の整合性だ。いくら印象的なエピソードが思い浮かんでも、それが長所や短所にきちんと結びついていなければ、説得力に欠けてしまう。

体験を反省しながら、長所や短所との結びつきを意識して書くようにしよう。論理的にも、感覚的にも、文章を読んだ相手が難なくその結びつきを納得できるようにしておくことが大切だ。

しかし、そのために文章がダラダラと長くなってはいけない。簡潔に、的確に書くのが基本だ。

記述のポイントはここ！

自分の魅力が端的に伝わるエピソードを

　エピソードをどれくらい詳しく書き込むかは、エントリーシートのスペースの大きさや行数によって変わってくるだろう。スペースが小さい場合は簡潔に、大きい場合でもテンポよく話を進めよう。

■考え方の流れ

1．長所・短所は何か？
2．なぜそう思うか？
3．どういった体験からそう思うようになったか？
4．短所をどう克服したか?

■回答例

　私の長所は、何事もあきらめず最後まで取り組むことです。昨年、百貨店で、「天使のコスチュームでチョコレートを売る」というアルバイトをしました。最初はまったく売り上げが伸びず悩みましたが、なんとか挽回しようと気持ちを切り替え、天使のコスチュームに似つかわしい笑顔と明るい声でがんばり続けました。おかげで徐々に売り上げは伸び、最終的にはトップの成績を取ることができました。

　逆に短所については、友人から「がんこすぎる」と指摘されたことがあります。それからはいつも、何事も一人よがりにならないよう、周囲の声にも耳を傾けるよう心がけています。

〈アドバイス〉
　冒頭に、結論を述べているところがわかりやすい。アルバイトの経験を引用する際は、実績を大げさに伝えるよりも、努力の過程を伝えるほうが好感がもてる。短所は、それをどうやって克服したか（克服しようとしているか）を書くことが大切。

自己PR例2

学生生活で打ち込んだこととは？

CHECK POINT

それによって何を得られたかが重要

□**題材は広くとらえてもOK**
勉強やサークル活動、アルバイトや趣味などでもかまわない。

□**趣味の紹介ではない**
打ち込んだこと自体の紹介ではなく、それへの取り組み方を書こう。

□**どれほどの情熱を傾けたか**
熱意をもって物事に取り組む姿勢はプラス評価につながる。

□**何を学び、どう成長したか**
自己PRに結びつける。失敗から学んだことを書いてもいい。

考え方や取り組み方が伝わるように書こう

学生生活で打ち込んだことをきくことで、企業は何を知りたがっているのだろうか？

もちろん、ここでも具体的なエピソードをからめる必要がある。しかし企業は、それぞれの学生が、どんなことに興味をもっているのかを知ろうとしているだけではないことを心得ておこう。

むしろそれよりも、そうした興味をもった物事に対して、どのような姿勢で取り組み、さらに、どのように成長してきたかを探ろうとしているのだ。

勉強のことであれ、趣味であれ、スポーツであれ、それ自体をいくら詳しく紹介してもしかたない。そうではなく、そうした物事に対する考え方や取り組み方が伝わるように書こう。

それを通じての成長が評価対象となる

どれほどの情熱をもって打ち込んだにしろ、学生時代の体験は、社会に出てから体験することに比べれば小さなことにすぎない。

いかに大きなことを成し遂げたかより、苦労したことや、失敗によって学んだことなどを書いたほうがいい。今ではなく、将来活躍している姿がイメージできれば、それでいいのだ。

自己PR例2 学生生活で打ち込んだことは？

記述のポイントはここ！

表現は謙虚に、さりげなく自己PRをする

自分の情熱がどれほど大きなものであったかを書くのはいい。しかし、大げさな表現ばかりを羅列してもダメ。体験から得られたものが社会生活や仕事の面で今後活かせるかどうかがポイントになる。

■考え方の流れ

1. どの事柄にするのか、テーマを選ぶ
2. なぜそれに打ち込んできたのか？
3. 苦労したことなど、具体的な体験談は？
4. 体験を通じて感じたこと、学んだことは何だったのか？

■回答例

専攻の人間科学を追究したこと、私の学生生活はこの一言に尽きます。人間科学とは、私なりの解釈によれば「人間のどんなささいな行動、心理の変化にも原因があり、それを追究する」ことだと考えています。そう気づいてからは、現実世界の人間関係はもちろん、小説や映画の登場人物の行動、芸術に表現されている人間の心理など、あらゆる人間の行動に興味がわきました。専門課程の2年間で600冊以上の本を読み、100本を超える映画を見て、道行く人々を観察し、人間の行為の「なぜ」について、仲間や教授と議論を交わしました。もちろんすべてに答えは出ていませんし、一生出ないのかもしれません。しかし、物事の原因を追究する姿勢は、これからの社会生活で、必ず役立つものと考えています。

〈アドバイス〉
大学生活で打ち込んだものがサークル活動やアルバイトという学生が多い中で、当たりまえのようだが、学業をあげてもいいだろう。むしろ、学生らしく好感がもてる。学校で学んだことを、社会に活かせる能力にまでつなげている点に説得力がある。

自己PR例3　仕事に活かせるあなたの能力とは？

CHECK POINT

企業にどんなメリットをもたらすかがポイント

□**企業研究の成果を活かす**
業務内容や経営方針などに結びつけて答えるようにする。

□**専門知識である必要はない**
専門知識や技術ではなく、性格上の強み程度で充分だ。

□**能力の活用の範囲は広く**
どのような部署に配属されても、会社に貢献できることが大切。

□**長所を能力として考える**
性格上の強みや長所を仕事における能力と結びつけよう。

志望先の企業で働くことを想定して

ここで言われている「仕事」について、漠然と考えるのでなく、できるだけ志望先の企業で働くときのことや志望職種を想定して、具体的に答えるようにしよう。その意味で、ここでの回答は、志望動機にもつながるはずだ。

自分のセールスポイントとしての能力は、志望先が変わっても同じはずだが、その企業での仕事や職種と結びつけた場合に、それがどのようなメリットをもたらすかを示さなければならない。

しかし、よほど専門知識や技術をもっているのでない限り、自分の能力に合わせて、仕事の範囲や職種を絞り込む必要はない。志望企業での仕事のごくわずかな一面を強調すると、こじつけのように読まれて、墓穴を掘ることになりかねない。

企業と自分との相性のよさを訴えよう

むしろ入社後に、どのような部署に配属されても、その会社に貢献できるということを訴えよう。

逆にいえば、問われている能力は、性格上の強み程度で充分ということだ。企業の業務内容や経営方針などをよく研究して、自分との相性のよさを無理なく結びつけたい。

記述のポイントはここ!

長所を「能力」に置きかえてみよう

いくら専門知識や技術でなくてもかまわないとはいえ、性格的な長所を述べるだけでは印象が薄い。自分のセールスポイントを、その企業で仕事をする場合の能力に、具体的に置きかえて記述しよう。

■考え方の流れ

1. 自分の能力（強み）とは？
2. 企業の業務内容や経営方針は？
3. 両者を一番無理なく結びつけられる接点は？
4. その結びつきに説得力をもたせる表現は？

■回答例

私は、好きなことに徹底的に没頭するタイプで、その楽しさをどうしたら人にもわかってもらえるか、いつも考えています。

父がコンピュータ技師である関係で、幼い頃からパソコンをおもちゃ代わりにして育ちました。壊れたパソコンを分解しては、友人に仕組みを解説してみたり、母の友人に頼まれて「主婦でもわかるパソコン講座」を開催したこともあります。初めてネットサーフィンをやったときの感動は忘れられません。すぐに数名の友人を呼んで、世界と瞬時につながる体験に胸を躍らせました。これからのパソコンの楽しさ、便利さをもっとも伝えられるのは、ハードウェアのメーカーでもソフトウェアのメーカーでもなく、コンテンツ産業だと考えています。そこでこそ、私の培った経験が活かされると確信しています。

〈アドバイス〉

探究心やサービス精神などの性格的な強みと、得意分野という技術的な強みを相乗させて効果を出している。単なる流行で仕事を選んでいるのではなく、能力的な裏づけがあることが、文末の「確信」という言葉に信憑性をもたせている。

志望動機例1

当社で何がしたいですか？

CHECK POINT

志望先の企業について認識を深めておきたい

□**充分な企業研究が必要**
業務内容や職種をしっかり把握したうえで回答することが大切。

□**意欲だけでは働けない**
入社後、その会社の中でどのような仕事をするかイメージしよう。

□**自分なりの根拠を探す**
なぜその仕事をやりたいのか、その理由を具体的に提示しよう。

□**回答は職種とは限らない**
その会社でなら成し遂げられそうなプロジェクトなどでもいい。

志望動機を尋ねるもっとも基本的な設問

会社に入ってやりたいことをきけば、業務内容や職種、職務などをどれだけ正しく理解しているかがわかり、それに加えて、学生の志望度の高さを把握することができる。熱意は、そうした冷静な理解力と結びついていなければならない。

たとえば、いくら入社への意欲があっても、志望動機が実はその会社の「規模」でしかないなら、企業は採用したくないわけだ。入社後に働く自分の姿をしっかりとイメージできなければ、先には進めないことを覚悟しておこう。

会社案内を熟読したり、ＯＢ・ＯＧ訪問をするなどして、志望先の企業の仕事について認識を深めておきたい。

企業研究が重要な前提になる

自己ＰＲでは、現在における自分の能力をアピールした。しかし、志望動機をきく設問に対しては、今後の自分の可能性を志望先の企業での仕事と結びつけて答えなければならない。

なぜその仕事がやりたいのか、その仕事において何が実現できるのかを、その根拠とともに具体的に答えなければならない。やはり徹底した企業研究が、重要な前提となるだろう。

記述のポイントはここ！

その会社でしかできないことは何か？

志望動機の強さを感じさせるには、自分と企業の接点を具体的に語ることが大切だ。自分はこれがやりたい、これをやるにはこの会社が一番だ。そのように思う気持ちをぶつけてみよう。

■考え方の流れ

1. 企業での職種や仕事の内容は？
2. 自分のやりたいことは？
3. 自分のやりたいことは、企業の中のどの職種で実現できるか？
4. 自分と企業の結びつきに説得力をもたせる表現は？

■回答例

私は、「保険の伝道師」といわれるような営業マンになりたいと思っています。

大学では商学部で保険制度のゼミに所属し、リスクヘッジと投資のありかたについて、深く学んできたつもりです。先日、実家で車を購入して保険に加入する際、各社の保険を比較検討した末、貴社の商品にたどりつきました。同じ商品がだれにでも同じメリットを与えるとはかぎりませんし、保険が必要になる事態を具体的に予測して商品を選ぶことは、加入者にとって難しいことだと思います。大学で学んだ理論の部分と、加入者の立場で疑問に思ったことを活かす、営業職を希望しています。将来的にはその経験を活かして、保険商品の開発に携わることが目標です。

〈アドバイス〉

大学での専攻と身近な経験を結びつけることは説得力がある半面、ストレートすぎてありふれた内容と思われる可能性が高い。この例のように、冒頭でやりたい内容にキャッチフレーズを付けるなど、文章として目を引く構成にも心がけよう。

志望動機例２

あなたにとって仕事とは？

CHECK POINT

回答が志望動機になっていることが大切

□金銭以外に何がほしいか
自分は仕事に何を求めているのか、金銭的報酬以外が回答になる。

□職業観は人それぞれ
価値観や人生の目的によって、仕事に求めるものも異なる。

□まわりの大人を参考にする
親や先輩をはじめ、実際に働いている人の職業観を参考にしよう。

□志望動機として答える
人生の目的の実現には、その会社への就職が不可欠と訴えたい。

経済的な必要性プラスアルファが重要

まだ現実に働いていないのに、仕事について何が言えるだろうか。だれでも考えつく回答は、経済的な必要性ということだろう。しかし、そのうえに加わるプラスアルファこそ、評価対象となるそれぞれの学生の職業観だ。

給料が高ければ、仕事の内容は何でもいいのか、と尋ねられれば、だれも決して首肯できないはずだ。目標達成に向けて努力しているときの充実感、人に喜んでもらえたときの満足感、仲間と力を合わせて物事に当たるときの連帯感など、仕事をすることで得られる金銭的報酬以外のものを考えてみよう。

自分が生きていくうえで何を大切にしたいか、どうしても譲れないものは何か。そうした価値観や人生の目的に照らして、自分の仕事の位置づけを検討する。

採用担当者の設問の意図を知ろう

ただし、この設問によって企業が読みとろうとしているのは、むしろその先だ。

入社後にどんな態度で仕事に臨むのか、就職に対する心がまえはできているか、積極的に仕事に取り組み、会社に貢献してくれるかといったことが問題なのだ。

志望動機例2 あなたにとって仕事とは？

記述のポイントはここ！

自分の夢を達成するための意欲を伝えよう

抽象的な設問であるぶん、具体的で、オリジナリティのある回答が期待される。もちろん自分の夢をかなえるため、この企業に入らなくてはならないという結びつきを意識する必要があるだろう。

■考え方の流れ

1. 自分の人生における仕事の位置づけは？
2. どういった体験からそう考えるようになったか？
3. 仕事に何を求めるか？
4. 会社でどう取り組むか？

■回答例

私にとって仕事とは、好きなものに関わり続けることだと考えています。

私の好きなものは車です。物心ついたときから車の魅力にとりつかれ、「自動車オタク」と呼ばれることを誇りにすら思っています。専攻は経済学ですが、大学の自動車部に所属してメカニックを担当していたため、自動車メーカーであれば、技術職でやっていく自信もあります。経済事情を優先させたアルバイトの経験でしたが、いくら待遇のいい仕事でも、好奇心を満たせなければやりがいは感じられませんでしたし、人からほめられたり感謝されても、自分の興味に結びついていなければ、充実感は得られませんでした。まして、これからの生活の中心となる仕事は、やはり好きなことをやるべきだと強く感じ、自動車業界の門を叩く決意をしました。

〈アドバイス〉

だれでも仕事にはやりがいを求めるもの。責任の重さ、人に感謝されること、好きなことをやることなど、やりがいの中身はさまざまだ。具体的な内容にまで踏み込んだうえで、せめてその業界を選んだ必然性ぐらいは示したい。

志望動機例3
当社のイメージはどうか？

CHECK POINT

企業研究に基づいて具体的に魅力を語ろう

- □**雰囲気では回答にならない**
  働く場所として企業研究がしっかりできているか。
- □**社会での役割を考える**
  社会におけるその企業の役割などから、回答を見つける。
- □**職場としてのイメージ**
  消費者から見たイメージではなく、職場として考えてみる。
- □**志望動機と結びつける**
  企業の魅力的なイメージが志望動機と結びついているか。

答えやすそうでいて、意外と厄介な設問

企業イメージと聞いて、「甘い」とか「からい」とか、「ふわふわしている」とか「とんがっている」とか、よく知らなくても、なんとなく感じたままの雰囲気を書けばいいと勘違いしてはいけない。適当な想像力で回答してはならないのだ。

ここで問われているイメージとは、企業研究を充分に踏まえたうえで、あえて、外からはこう見られているという展開にもっていかなければならない。産業界における役割、地域経済の活性化における貢献度などを裏づけとして、その企業の魅力を語る。そして、それが志望動機に結びついていなければ、本当にその企業を理解しているとは見なされない。

働く者から見た企業のイメージとは？

これまで、企業のイメージは、ＣＭや商品そのものから受けていただろう。しかし、応募する学生に企業がもってもらいたいイメージは、消費者に与えているイメージとは一致しないこともある。

商品に具体化された技術力や開発力、あるいは営業力など、志望先の企業のかくされた部分を捉えるようにしたい。そういった意味で、ＯＢ・ＯＧ訪問は欠かせないのだ。

志望動機例3 当社のイメージはどうか？

記述のポイントはここ！

会社案内を書き写してもしかたない

見当違いな回答をしないようにと恐れるあまり、会社案内のキャッチコピーを書き写したりしないように。むしろ、採用担当者が予想もしなかった意表をついた表現が目を引く場合もある。

■考え方の流れ

1．企業研究で知った会社のすぐれた点は？
2．その中で、あなたにとってもっとも魅力的な点は？
3．その魅力を何かにたとえるとしたら？
4．志望動機に結びつける

■回答例

私にとって、貴社はさながら「住宅業界の風向計」といったイメージがあります。

貴社は、バリアフリーのリフォームで住宅業界を長く牽引してこられました。これからの超高齢社会を考えますと、バリアフリーに対する需要はますます高まるものと思います。その高度なノウハウをもつ貴社は、今後も業界をリードしていくものと信じます。

また貴社は、強力な事業力をバックに、現在、環境に配慮したエコマテリアルの建築建材の研究・開発を推進しておられます。貴社の先見性の高い事業展開は、業界全体の向かうべき方向を示しています。ハイグレードな住環境を提案しつづけるリフォーム事業の最前線で、私もぜひ自分の力を試してみたいと考え、貴社への就職を志望いたしました。

〈アドバイス〉
まず最初に象徴的なイメージを提示する。そして、その次に、その意味を解きほぐしていく。奇をてらう必要はないが、自分独自の表現で書くことができれば、採用担当者の注意を引きつけることに成功するだろう。

将来展望例1

10年後のあなたをイメージしてください

CHECK POINT

漠然とした夢でなく現実的な内容を語ろう

□**仕事の話題にもっていく**
結婚や出産など、私生活のヴィジョンにはふれなくていい。

□**10年後のために今必要なもの**
将来の希望だけでなく、そのために10年間何をするつもりか。

□**充分な企業研究が必要**
企業研究の成果や職種についての知識に基づいて回答しよう。

□**企業の10年後を考える**
企業の将来も視野に入れておこう。経営方針などをチェックする。

幼稚な印象を与えないようにしよう

まだ20年ほどしか生きていない学生からすれば、10年後などというと、ずっと先のことだと思うかもしれない。しかし、社会に出てみれば、あっという間だ。あまりに現実離れした将来の話として書くと、計画性のない、幼稚な印象を与えてしまう。せっかく苦労して書いたエントリーシートも、評価外となりかねない。

まずは、身近にいる入社10年目あたりの人のことを思い浮かべてみよう。その人をモデルにして、自分の10年後についても考えてみる。30代になったばかりの、ばりばり仕事をしている自分の姿が見えてきただろうか。

10年後の自分はどこの会社の社員か？

10年後をイメージするにあたって、自分がどこの会社にいると想定すればいいのか迷うかもしれないが、それはもちろん志望先の企業で働いているとしよう。自分の将来の展望に、その会社がしっかりと組み込まれているということを訴えよう。それによって意欲も伝えられるはずだ。

できるだけ具体的で現実的な内容が求められている。ここでもやはり、企業研究の成果や職種についての知識に基づいて書こう。

将来展望例1 10年後のあなたをイメージしてください

記述のポイントはここ！

将来像がなければ、志望先も絞り込めない

10年後の自分、これは自己分析でも重要なテーマだった。自分の将来になんらかのヴィジョンがなければ、志望先も絞り込みにくい。企業も、自分の将来像をしっかり描けている人材を求めている。

■考え方の流れ

1．どのような職種につきたいか？
2．その職種においてどのようなキャリアアップが可能か？
3．キャリアアップのためにはどのような努力が必要か？
4．10年後にはどのような目標が立てられるか？

■回答例

「せっかくですが、A社の企画部長にというお話は、ご遠慮させていただきます。」

これが、10年後のある日、ヘッドハンティング会社に断りの電話を入れている自分の姿である。

10年後の日本では、キャリアアップのための転職は、今以上に頻繁になっているだろう。もちろん私も、どこの企業からも求められる人材に成長すべく、ハードな仕事に率先して取り組み、中堅社員としてマネージメントもできる人間になっていくつもりだ。しかし、私の社会人生活は、個人のキャリアアップだけが目標ではない。むしろ入社した会社の将来においてこそ、自分の未来と可能性を開拓していきたい。新事業を提案しつづけながら、会社とともに自分が進化していくことを望んでいます。

〈アドバイス〉
入社前の、仕事をしていない状態で、10年後に取り組んでいるであろう具体的な仕事の内容をイメージするのはむずかしい。その場合も、なんらかの目標を掲げ、それに向かって今後10年間努力しつづけるという決意を示そう。

将来展望例2

どんな人間になりたいですか？

CHECK POINT

理想の人物をイメージしてみよう

- □**哲学的な話ではない**
  問題は、どのようになりたいかだ。「人間」ははずしてもいい。
- □**向上心を見せたい**
  現状の自分に満足していないのだということを表明しよう。
- □**仕事の話題にもっていく**
  仕事を通じての自己実現ということを強調しよう。
- □**具体的な努力が大切**
  理想に近づくためにどのような努力が必要か、具体的に述べよう。

理想の人物像と仕事とを結びつけよう

だれであれ、すでに人間である。そしてこれからどのようになろうと、人間以外のものにはならないだろう。この設問は、人間とは何かを問うているわけではない。だから、哲学的にあまり悩まないことだ。

自分の性格を反省するところから考えはじめてもいい。こんなふうな性格になれたらいいのに、そう思うことを今後の改善目標として掲げてもかまわない。あるいは、尊敬し、あこがれている人物がまわりにいないか探してみよう。そうした人を自分の理想のモデルとしてもいいだろう。

そしてさらに大切なのは、理想の人物像と仕事とを結びつけることだ。志望先の企業で働くことを通じて、自分が理想の人物に近づくために必要な経験が積めるのだということを訴えたい。

どれだけ具体的なイメージを提示できるか

企業が求めているのは、「チャレンジ精神旺盛で責任感の強い人」といったところ。それなら業績を上げられるというわけだ。

これをそのまま自分の理想として答えてもいいが、将来の姿をより具体的にイメージできなければ、凡庸な回答になってしまう。

将来展望例2 どんな人間になりたいですか?

記述のポイントはここ！

具体的な人物像を伝えることが重要

抽象度の高い設問に戸惑ってしまうかもしれないが、自分の理想の人物像について、できるだけ具体的に語ろう。それが仕事に結びついたときに、どういった成果をもたらすかも言及したいところ。

■考え方の流れ

1．今までつきあった人の中に理想のモデルはいないか？
2．理想の人物像を言葉で表現する。
3．それは今の自分の延長線上にあるか？
4．それは企業にとってどのような存在か？

■回答例

どのような時代でも、利潤を追求する社会では、企業犯罪がなくなることはありません。私が疑問に思うのは、「なぜ悪いとわかっていることに加担する社員がいるのだろう?」ということです。企業が信頼を失うということは、そこで働く自分の信頼を失うのも同然です。私は、人に信頼され、善意の人を裏切らない人間になりたいと思っています。貴社を志望したのも、顧客の立場から事業を進めるという企業理念と、具体的な経営策に共感したからです。

企業が利潤の追求を消費者の論理より優先させれば、消費者の信頼を失い、利益も得られなくなるはずです。ときには利益優先の企業論理に警鐘を鳴らす勇気をもちたいと思います。しかし、それと同時に、ひとりよがりの倫理観に陥らないよう、広い視野を身につける努力を怠らないようにするつもりです。

〈アドバイス〉
抽象的になりがちな、自分がなりたい人物像に関する記述を、うまく志望先の企業の経営理念に結びつけている。利潤の追求そのものでなく、その手段に関する批判的な検討の必要性を主張していることを明確に述べよう。

フリープレゼンテーションとは？

CHECK POINT

見た目でも自分らしさを伝えよう

□**商品広告を参考に**
広告や新聞記事など、身近な印刷物を参考にしてみよう。

□**見た目、インパクトが重要**
読ませるよりも「見せる」工夫をすること。

□**正しい情報を伝える**
広告と同じで、自分に関する正しい情報を伝えることが大切。

□**テーマはさまざま**
自己PRの延長でなく、何か企業への提言などを行ってもいい。

自分を売るための商品広告をつくろう

フリープレゼンテーションとは、基本的に白紙のフリースペースに、自由な表現方法で、自己PRするというもの。いわば「自分広告」だ。

具体的には、「A4の紙を1枚使い、あなたを表現してください」とか、「あなたの今後の自己育成プランを下のスペースを使って自由に記述しなさい」といったかたちで出題されるだろう。

自分を一番アピールできる設問だが、「どうぞご自由に」などと言われると、かえって困惑してしまう人も多いはず。

しかし、これは自分を売るための商品広告と同じだ。商品広告なら、そこらじゅうにあふれかえっている。それらをじっくり観察し、参考にしながら、上手に自分を売り込もう。

目立てばいい、というわけではない

見た目のうえからは、写真やイラスト、図表や色を用いたほうがインパクトもあるし、また読みやすい。細かい文字がびっしりでは読むほうが辟易する。

しかし、目立てばいいというわけでなく、やはり大切なのは、自分に関する情報をどれだけ正確に伝えているかだ。

フリープレゼンテーションの形式

表現形式はさまざま

紙の上に何かを書くことだけが決まっているため、世の中の印刷物はなんでも参考になる。自分にふさわしい形式はどんなものか、広告や新聞記事など、身近な印刷物を参考にして考えよう。

●広告形式

自分を商品にみたてて、セールスポイントを広告にしてみる。

●新聞記事形式

新聞には事件記事や社説、漫画、広告など、さまざまな要素が盛り込まれている。それらのすべてを自分をテーマにして構成してみよう。

●雑誌のルポ形式

ルポルタージュのように、自分の1日を写真と解説で追ってみる。

●漫画形式

絵に自信があるなら、長所をアピールできる体験談を漫画にする。

●図鑑形式

自分の生態をさまざまな角度から、写真やイラストをつけて解説し、図鑑ふうにまとめる。

●レポート形式

まじめな内容ならば、研究レポートのようにまとめてもいい。ただし読みやすいように、見出しを大きく目立たせたり、ポイントを枠で囲んだり、表やグラフを用いるといいだろう。

フリープレゼンテーションの書き方

CHECK POINT

注目される方法で自己PRを展開しよう

□**盛り込みすぎはダメ**
盛り込みすぎは、まとまりがなくなり、インパクトも弱くなる。

□**自分の何を売り込むか**
自分の長所の中から、セールスポイントを絞り込む。

□**具体例が自己PRのカギ**
長所は、具体的なエピソードで裏づけられなければ説得力がない。

□**表現方法・形式を選ぶ**
表現方法・形式は内容に合わせ、それにふさわしいものを選ぶ。

セールスポイントを絞り込もう

自由な形式で自己PRをするといっても、あれもこれも盛り込んでいては、逆にまとまりがつかなくなってしまう。自分のセールスポイントをなるべくひとつに絞り、それが最大限に伝わるように工夫してみよう。情報の取捨選択も必要だ。

セールスポイントを絞り込む際には、自己分析の成果が役に立つ。自分の長所の中で、もっとも説得力があり、企業の採用担当者からも高く評価されそうなものを選ぼう。そうして選んだ自分の長所を、具体的なエピソードによって裏づけながら、自己PRを展開するといいだろう。

内容にふさわしい表現形式を選ぼう

フリープレゼンテーションは、いわば自分広告だ。

ところで、すぐれた広告というのは、伝えたい内容がビジュアルの印象と一致しているものだ。

たとえば、積極的で明るい性格をセールスしたいのに、弱々しい小さな文字で、モノクロの紙面をつかっていたなら、とても伝わらないだろう。

参考にする印刷物も、自分がアピールしたいものの雰囲気と近いものを探そう。

自己PRの展開方法

セールスポイントが印象に残るように

表現形式の斬新さにこだわりすぎて、肝心の中身がなくなっては本末転倒だ。たくみに自己PRしながら、どれほど有能な人材かが採用担当者の目に飛び込んでくるように工夫しよう。

セールスポイント

「粘り強い努力型」であることをPRする。

↓

エピソード例

スポーツのクラブ活動で、練習の積み重ねによって、記録や実績を上げた体験

*単にクラブ活動をしていただけでは弱い。そこで困難な練習に耐え、確実に成長した実績がなければエピソードとしてふさわしくない。

↓

表現方法・形式

・スポーツ新聞のように、見出しに目を引く結果を上げ、記録を出したときの写真などを用いる。

・レポート形式で、トレーニングメニューや記録が徐々に上がっていった時のグラフなどを添付し、継続的に努力した痕跡を実証的に見せる。

セールスポイント

「積極性やチャレンジ精神」をPRする。

↓

エピソード例

海外留学（1年以上）など、自ら未知の世界へ飛び込んで学んだことや、現地の人々との関わりなどの具体的な体験

*留学はよく使われるモチーフなので、自分だけの個性的なエピソードがほしい。

↓

表現方法・形式

・一目で留学したことがわかるような、現地の写真などを用い、レポートふうにまとめる。

・留学前の自分と留学後の自分を比較し、成長したことがわかるような、「使用前・使用後」の広告ふうにまとめる。

表現された「自分」が、志望先の企業の業務内容や職種にどのように結びついていくかまでを盛り込めたならベスト。

特定のテーマでフリープレゼンテーション

CHECK POINT

ありきたりでない個性的なアプローチ

- □**特定のテーマを掲げる**
  商品の企画や企業への提言など、個性的なアプローチをしよう。
- □**企業研究を充分に行う**
  大切なのは、そのテーマが企業の業務内容と結びついていること。
- □**熱意を伝えるテーマ選び**
  志望先の企業で働くことへの意欲が感じられるテーマがベスト。
- □**ハイリスク・ハイリターン**
  成功すれば評価は高いが、逆もまた考えられる。

個性的なアプローチで差をつけよう

　フリープレゼンテーションは、自己ＰＲの延長でなく、商品の企画や企業への提言など、何か特定のテーマを掲げて行ってもいいだろう。せっかく「どうぞご自由に」と言われているのだから、ほかの人とは違う個性的なアプローチを考えたい。

　自分の関心のある分野で、自由研究を行い、それをレポートふうにまとめてもいいだろう。志望先の企業の業務内容と結びつく範囲でなら、そうしたことも許されるはずだ。

　テーマはさまざま。自分の能力や長所が一番よく伝えられるテーマを考えよう。

ハイリスクだけど、ハイリターンが魅力

　商品の企画や企業への提言、自由研究など、どのようなテーマでプレゼンテーションするのであれ、無難な回答というわけにはいかない。企業研究などをしっかりしておかないと、自ら墓穴を掘ることにもなりかねない。それなりの覚悟が必要だ。

　しかし、インパクトのあるテーマで、構成、表現とも納得のいくものができたときは、ありきたりな自己ＰＲよりもずっと評価は高いはずだ。

どうやってテーマを決めるか

志望動機を掘り下げてみよう

何か特定のテーマを決めてプレゼンテーションする場合、志望先の企業にまったく関係がないと意味がない。自分の志望動機を掘り下げることによって、アプローチの方法を見つけよう。

志望動機	職種など、会社に入ってやりたいことがはっきりしている。
↓	
アプローチの方法	その職種についたつもりで企画を考えてみよう。
↓	
プレゼンテーションの例	「今後需要の高まるサービスはこれだ」 「この商品を売るためには、このような広告戦略が有効だ」

志望動機	消費者の立場で、店舗やサービスを利用した経験がある。
↓	
アプローチの方法	その感想とともに、何か企業に提言できないか考えてみよう。
↓	
プレゼンテーションの例	「こんなサービスをしたら、商品はもっと売れる」 「売り場はもっとすっきりとしたレイアウトにすべき」

志望動機	自分の強みを職種の中で活かせる。
↓	
アプローチの方法	その職種についたつもりでシミュレーションを提示する。
↓	
プレゼンテーションの例	「この商品の新しいパッケージを考えました」 「新製品に関する原価計算と損益分岐点計算」

こうしたプレゼンテーションでは、やる気は、企業研究の進み具合や職種についての専門知識の深さで読みとられる。生半可ではダメだ。

エントリーシートを汚してしまった！

CHECK POINT

正直で真摯な対応でなんとか切り抜けたい

□**事前にコピーしておく**
特殊な用紙でなければ、事前にコピーしておくと安心だ。

□**もう1枚送ってもらう**
締め切りまでに時間があれば、企業に正直に話して頼んでみよう。

□**友人に協力してもらう**
同じものを友人が取り寄せていれば、コピーさせてもらおう。

□**パソコンで似たものを作成**
同じ設問と書式で似た用紙を作成して代用する。

それなりの減点は覚悟しておくほかない

エントリーシートを取り寄せたなら、まず記入前にコピーをとって、下書きするのが常識といえる。しかし、あわてていきなり書き出して間違えてしまったら、どうしよう。修正液で修正するぐらいでは、とても間に合わないような大きな間違いだったら。

あるいは、下書きをしたうえで、せっかくきれいに清書したエントリーシートのうえに、コーヒーをこぼしてしまった、なんてことがもし起きたら。

たとえば、社会人になってから大切な契約書を破ってしまったり、汚したりする可能性のある人物を、企業はどう思うだろうか。もしも、なんらかの理由でエントリーシートを無駄にしたなら、それなりの減点は覚悟しなければならないだろう。

あきらめず、中身で勝負しよう

しかし、ここであきらめては今までの苦労が水の泡。頭を冷やして最善の方法を考えよう。

いずれにしろ大切なのは中身である。内容の濃い魅力的な志望動機や自己ＰＲが書かれているなら、たとえどんなにあわてたものであっても、採用担当者は会ってみたくなるに違いない。

最善の方法はどれ?

正直にお詫びをしよう

どういったケースであっても、言い訳は無用だ。2枚目を送ってもらったり、コピーした用紙や、似たような用紙をつくって使う場合にも、お詫びの手紙（メモ）は必ず添えて送るようにすること。

■企業に新しい用紙をもらいに行く場合

1.電話で連絡を入れる。
2.正直に話し、お詫びを述べたうえで、新しい用紙をお願いする。
3.相手がいいと言えば、こちらから受け取りにあがる。快く再送付すると言ってくれた場合は、丁重にお礼を述べよう。

■企業から新しい用紙を郵送してもらう場合

1.お願いの手紙に返信用封筒を添えて、速達で送ろう。返信用封筒には、自分の住所を書き、必要分の切手を貼ることを忘れないようにする。

■友人にコピーをとらせてもらう場合

1.同じ会社にエントリーする友人をさがす。
2.まだ記入前であれば、コピーさせてもらう。
3.提出時に、コピーであることはわかってしまうだろう。知らないふりをせず、お詫びの手紙（メモ）を添えて提出しよう。

■似た用紙を作成する場合

1.パソコンで、大きさ、フォーマットともに実物に近いものを作成する。せめて同じ設問と書式で似たものをつくる。
2.お詫びの手紙（メモ）を添えて提出しよう。

お詫びの手紙には、「ご送付いただいたシートを書き損じたため、控えの用紙での提出となり申し訳ございません」などと書こう。

履歴書の書き方

CHECK POINT

履歴書は公的文書。正式な書式を守ろう

□鉛筆書きはダメ
手書きが基本。筆記用具は万年筆、水性ボールペンがベスト。

□修正液は使用不可
間違ったら、新しい用紙で最初から書き直す。

□スピード写真はダメ
添付する写真は、写真店で撮る。きちんとしたスーツ姿が肝心。

□控えのコピーをとっておく
エントリーシートと同じく、コピーは必ずとっておくこと。

修正液は使用してはいけない

履歴書は一般的に、連絡先・学歴欄と、自己紹介書がいっしょになっている。連絡先・学歴欄は、志望先によってその内容がかわることはない。自己紹介書にしても、趣味や特技、自分の特徴などを書く欄については志望先によって内容を変える必要はなく、変えるとすれば志望動機の欄だけということになる。

履歴書はまた、エントリーシートに比べると、長文を書く必要のある箇所は少ない。

そして何よりも履歴書は公的文書だ。エントリーシートは採用時に使用されるだけだが、履歴書は入社後も社員のデータファイルとして保管されることが多い。

よって履歴書では、修正液を使用してはいけない。誤字・脱字をしないように細心の注意を払うようにしよう。

限られたスペースを有効に活用しよう

履歴書の欄はどれも、スペースが限られている。読みづらい小さな文字でびっしりと長文を書くよりも、簡潔に要領よく内容をまとめることが重要だ。

あらかじめ書く内容を下書きしたうえで、清書にとりかかるようにしよう。

志望動機の書き方の例

それぞれの志望先ごとに内容を考える

形式的な書式の履歴書でも、どこかで他人と大きく差をつけられるはず。それぞれの志望先ごとに内容を考えなければならない志望動機の欄こそ、もっとも力を入れて記入したい箇所だ。

企業理念と結びつける	「喜ばれることに喜びを」という貴社の企業理念は、まさに私の人生観と一致します。私は昨年、○○地震の被災地のボランティア活動に参加しましたが、そこで喜ばれることの喜びを実感いたしました。貴社の扱っておられる日用品を通じて、多くの人に喜びをもたらすことができたら、と願っています。
仕事と結びつける	私は営業職を志望しております。私はアルバイト先の飲食店での営業において、常にスタッフで一番の成績を上げておりました。貴社の営業でも、同様に新規のお客様を獲得できると考え、貴社を志望しました。
企業研究の成果を訴える	私は、早くから金融の世界に興味をもち、銀行で働きたいという夢をもっておりました。貴行は近年、投資信託の分野でシェアを拡大されており、先見性のある果敢な経営戦略に瞠目いたしております。競争の激しい世界ですが、私も、貴行において自分の精一杯の力量を発揮して働きたいと願っています。
特別な経験と結びつける	私は、○年の夏休み期間を利用して、オーストラリアのファームステイに参加しました。その経験から、日本とオーストラリアとの経済交流に興味をもつようになりました。ことに、オーストラリアの農作物輸入を主とする貴社の業務内容には、人並みならぬ大きな関心をもち、志望しました。

採用担当者が面接で話をきいてみたくなる内容を記入しよう。自分が何を書いたか忘れないためにも、コピーをとっておくこと。

履歴書の記入例

連絡先・学歴欄

提出日の日付以外は、志望先によって内容を変える必要はない。間違いがないよう、正確に書こう。

提出日を書く
いつでも書ける欄は、暇なときにまとめて書くこともあるだろうが、日付はダメ。提出の際に、提出日か、前日の日付を書こう。

スーツ姿でビシッときめる
スピード写真やスナップ写真はダメ。写真店で、履歴書用と注文して、撮ってもらおう。

省略しない
都道府県から書く。丁目・番地はハイフンで省略しない。

履　歴　書

○年○月○日

写真貼付
（裏面に学校名、学部、氏名を記入する）

ふりがな	かんだ　せいいちろう
氏名	神田　誠一郎
生年月日	平成○年○月○日（満○○歳）

ふりがな	とうきょうとしんじゅくく○○ちょう	電話 03-○○○○-○○○○ 携帯 09-○○○○-○○○○
現住所	〒16○-○○○○ 東京都新宿区○○町○丁目○番○号	
ふりがな	かながわけんよこはまし○○く○○ちょう	電話 045-○○○○-○○○○
休暇中の連絡先	〒2○-○○○○ 神奈川県横浜市○○区○○町○丁目○番○号	

年	月	学歴・職歴
		学歴
平成○年	4月	横浜市立○○中学校　入学
平成○年	3月	横浜市立○○中学校　卒業
平成○年	4月	神奈川県立○○高等学校　入学
令和○年	3月	神奈川県立○○高等学校　卒業
令和○年	4月	○○大学　経済学部　経営学科　入学
令和○年	3月	○○大学　経済学部　経営学科　卒業見込
		職歴
		なし
		以上

ふりがなも忘れず
だれでも読めそうな漢字でも、省かない。「フリガナ」になっている場合はカタカナで書く。

正式名称で書く
学校名は正式名称で書こう。「高校」は「高等学校」だ。大学は、「卒業見込」まで忘れず記入すること。

自己紹介書

読みづらいほどの細かい文字でびっしりと書く必要はないが、記入欄は（資格に関してなどはしかたないにしろ）、できるだけ余白を残さず埋めること。志望動機は同じ文章を使い回すわけにいかない。志望先の企業に合わせた内容を、一枚一枚書き分けるようにしたい。

その場しのぎではダメ
スペースが限られているので長くは書けないが、なぜそのゼミや卒論テーマを選んだか、その研究の意義は何かなどを簡潔に書く。面接で突っ込まれることもあるので、その場しのぎの内容は書かないこと。

空欄にはしないこと
資格・免許に関しては、もっている資格・免許を正確に記載する程度でいいだろう。趣味は、インドアとアウトドアの両方を書けるといい。

自己紹介書

ゼミナールまたは研究課題

経営分析論：財務諸表分析を中心に、経営分析から経営戦略をいかに具体化していくかを学んでまいりました。卒業論文では、銀行経営の実証的・理論的研究を予定しています。

学業以外で力を注いだこと

アルバイト：大学1年のときから、家庭教師をしています。中学生の勉強のサポートを通じて、私自身も、やる気だけでなく、常に方法を工夫することが大切なのだということを学びました。

資格・免許・趣味

資格：TOEIC730点（令和○年○月）
　　現在800点を目指して勉強中です。
免許：第一種普通自動車免許（平成○年○月取得）
趣味：トレッキング・読書

私の特徴

規則正しい生活を心がけ、健康管理には日頃から気をつかっています。小学生のときに、はしかにかかった以外は、風邪を引いて寝込むといったことも、これまで一度もありません。

志望動機

リテール・バンキングにおける顧客へのきめ細やかなサービスに魅力を感じました。貴行において、新たな金融商品・サービスの開発とマーケティング戦略に携われたら、という強い思いのもとに志望いたしました。

どんな成果があったか
サークル活動やアルバイト、ボランティアなどについて、何でもかまわない。むしろ、それによって何を学び、何が身についたかが重要だ。自分の体験を具体的にまとめよう。

具体的に書こう
「貴社の事業に魅力を感じて」では何もわからない。短文でも、その企業ならではの業務内容に焦点をあてて、どこに魅力を感じたのかを具体的に書くことが大切。

COLUMN

先輩たちの体験談に学ぼう！

「エントリーシートは、だれかほかの人に見てもらったほうがいいでしょう。僕はエントリーシートが書き上がるたびに、兄に読んでもらいましたが､いろいろなアドバイスをもらえて、とても助かりました。「わかりづらい」とか言われて、最初はケンカしそうになりましたが……。家族でも、友だちでもいいと思います。誤字脱字をチェックしてもらうだけでもかまいません。自分ではまったく気のつかない間違いも、ほかの人の目なら見つけることができるんです。」（W大学・Sさん）

「エントリーシートを提出したのは、およそ30社くらいでしょうか。その半分くらいがWebエントリーだったと思います。僕は字がかなりヘタなので、その点ではWebのほうが助かりました。しかし、実際にやってみると、Webのほうが紙に書く以上に、こちらの熱意がどれだけ伝わるのか不安になってきます。パソコンの前に座って、内容勝負ということをとことん意識させられました。だれもが同じ程度の字数を同じようなフォントで書くのなら、いったいどこで差がつくのか。きっちり企業研究をして、内容の濃いものを書かなければ先に進めないと、とても焦ったのを覚えています。」（H大学・Iさん）

「最初の頃は、似たような設問でも、1社1社内容を変えて書いていたのですが、だんだんそんな余裕がなくなってくるんです。企業に少しでもアピールしようと、少し大げさなことを書いたりする。でも、説明会や面接でたくさんの企業を回っているうちに、どの企業にどんな内容のエントリーシートを出したか忘れてしまうので、どこにも一貫した内容で提出しておいたほうがいいかもしれません。といっても、ありきたりということではなく、個性的なものでということですが。正直に書かないと、面接でその矛盾を突かれます。」（N大学・Oさん）

郵 便 は が き

恐縮ですが
切手をおは
りください

1 6 2 - 8 4 4 5

新宿区新小川町一-七

成美堂出版

愛読者係 行

愛読者カード

◆本書をお買い上げくださいましてありがとうございます。

これから出版する本の参考にするため、裏面のアンケートにご協力ください。

ご返送いただいた方には、後ほど当社の図書目録を送らせて戴きます。

また、抽選により毎月20名の方に図書カードを贈呈いたします。当選の方への発送をもって発表にかえさせていただきます。

ホームページ　http://www.seibidoshuppan.co.jp

＊お預かりした個人情報は、弊社が責任をもって管理し、上記目的以外では一切使用いたしません。

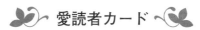

お買い上げの本のタイトル（必ずご記入下さい）

●本書を何でお知りになりましたか？

□書店で見て　□新聞広告で　□人に勧められて

□当社ホームページで　□ネット書店で　□図書目録で

□その他（　　　　　　　　　　　　）

●本書をお買い上げになっていかがですか？

□表紙がよい　□内容がよい　□見やすい　□価格が手頃

●本書に対するご意見、ご感想をお聞かせください

ご協力ありがとうございました。

お名前（フリガナ）	年齢　　　歳	男・女
	ご職業	
ご住所　〒		
図書目録（無料）を	希望する□	しない□

第5章

会社説明会に参加しよう

会社説明会って何だろう？

CHECK POINT

あの手この手で企業は待ち受けている

- □**あらかじめ計画を立てる**
  効率的に多くの企業の説明会に参加できるよう計画を立てよう。
- □**面接があるかもしれない**
  説明会とはいえ、面接が行われるケースもめずらしくない。
- □**筆記試験が行われることも**
  あらかじめ筆記用具を持参するように言われたら、可能性は高い。
- □**選考の場と考えよう**
  志望先の企業の説明会には、なんとしても必ず参加しよう。

いよいよ本番！これからが勝負の時期

会社説明会がスタートすると、就職活動もいよいよ本番、という実感もわいてくるだろう。

3年生の3月中旬になると、企業の説明会がどんどん開かれるようになる。ピーク時には、いくつかの志望先の企業で、日付が重なるといったケースも出てくるだろう。

少しでも多くの企業にチャレンジしたければ、会社説明会の開催情報を集めるだけではいけない。情報を整理し、効率的に説明会を回れるよう計画を立てることが大切だ。

会社説明会を外すと、選考外になることもある

説明会といっても、企業によっては面接や筆記試験を行うところもある。面接での受け答えの準備や、筆記試験の対策は、会社説明会までにできるだけ進めておく必要があるだろう。

たとえ、そうしたことがなくても、面接の予約や筆記試験の受験申込受付を行う場合もある。いずれにしろ、説明会を外すとそれだけで選考外になることもめずらしくないので、要注意だ。

なお、新型コロナの影響もあって、近年はオンラインで参加できる説明会も増えている。

会社説明会の種類と特徴

気を引き締めて臨もう

会社説明会には、大きく分けて、それぞれの企業が個別に開く説明会と、複数の企業が合同で行う説明会がある。前者はとくに、選考の場となることが多いので、それなりの準備が必要だ。

■それぞれの企業が個別に開く説明会

例年もっとも数が多い。選考の場と位置づけられていることもめずらしくないので、面接や筆記試験の準備は欠かせない。定員制で、予約の必要な場合が多いので、注意しておこう。

■複数の企業が合同で行う説明会

〈第三者による合同説明会〉

就職サイトの運営企業や新聞社が主催。業界はさまざまで、中堅企業の参加が多い。企業ごとのブースを学生がまわるという形式なので、時間の配分が重要となる。

〈特定地域の合同企業説明会〉

地方自治体や新聞社が主催。Uターン就職希望者だけでなく、勤務地にこだわらず優良企業を探したい学生はぜひ参加したい。

〈業界研究セミナー〉

同一業界の企業が合同で開く説明会。業界概要の説明もあり、他の業界と比較しながらの説明が聞けるので、志望業界が決まっている学生には便利だ。

合同説明会から個別の説明会、そして面接へと選考が進む場合も多い。業界研究セミナーもあなどらず、しっかり参加したい。

会社説明会の情報はどこから集める？

CHECK POINT

スタートラインに立つための情報収集

□**開催情報を逃さない**
情報源はこまめにチェックしておく必要がある。

□**インターネットを活用する**
情報収集はやはり、就職サイトと企業のホームページが有効。

□**予約の申込受付日を確認**
いつから予約が開始されるか、必ずチェックしておこう。

□**申込方法をチェック**
インターネットのみという企業もあるので確認しておきたい。

情報源は毎日チェックしよう

業界研究セミナーなどの合同説明会に関する情報は、就職サイトや学校のキャリアセンター（就職課）、新聞などから得られる。

それぞれの企業の個別の説明会に関する情報は、就職サイトと企業のホームページが有効だ。もちろん企業研究の段階で、資料請求をした会社から、直接知らせてくる場合もある。

しかし、いずれにしろ、受け身で待っていては遅れをとるだけ。情報源には毎日こまめに目を通すようにしよう。

また、友人どうしで情報交換もしたい。お互いにチェックしているメディアが違うこともあるので、情報交換は有効だ。自分の得た情報を教えれば、友人からも何か教えてもらえるかもしれない。

予約申込のチャンスも逃すわけにいかない

参加の予約申込は、インターネットや電話が主になる。人気企業の申込受付日になかなか電話がつながらず、つながったときにはもう定員がいっぱいだった、という話はよく聞くこと。宝くじのような話だが、それが現実なのだ。

インターネットでも同様で、申し込みのスタート時には、パソコンの前にいるようにしよう。

会社説明会の情報源

情報源はこまめにチェックしよう

　情報源をおさえておかなければ、会社説明会に参加することはできない。基本はインターネットだが、就職サイトに登録していない企業の情報収集も、ほかの情報源から忘れずに行おう。

■情報提供

●就職サイト	就職サイトでは、こまめに会社説明会の開催情報をフォローしている。また、登録しておくと、エントリーした企業の説明会情報を電子メールで送ってもらえる。また企業からの情報だけでなく、学生どうしの掲示板で口コミ情報を得られることもある。
●企業のホームページ	採用活動をしている企業のほとんどが、ホームページに「採用情報」を掲載している。説明会の開催日や申込方法を公開しているので、こまめにアクセスしよう。
●新聞	日経新聞や、三大紙（朝日、読売、毎日）で、会社説明会に関する情報を告知する会社もある。記事を読みながら、チェックするといいだろう。
●就職雑誌	中途採用の就職雑誌や求人誌はフリーペーパーなども含めてかなりの数がある。それらをチェックしてもいいだろう。新卒でも割り込めそうな会社説明会の情報が見つかるかもしれない。
●大学のキャリアセンター（就職課）	キャリアセンターでも会社説明会の情報は手に入る。どうしても情報が入手しにくい企業については、大学の就職課の企業別ファイルで昨年の状況を把握しておくといいだろう。そのうえで、直接企業に予定を尋ねることもできる。

会社説明会に関する情報収集では、就職サイト、企業のホームページのほかに、友人や先輩からの情報提供が役に立つケースが多い。

会社説明会の予約を確実にとるには？

CHECK POINT

申込受付の開始日に全力で予約をとる

□**参加には予約が必要**
会社説明会の多くが定員制で、事前の予約が必要になっている。

□**予約をとり逃がさない**
人気企業では、すぐに定員がいっぱいになることを心得ておこう。

□**受付開始と同時にアクセス**
予約を確実にするとともに、都合のいい日程を選ぼう。

□**最後まであきらめない**
キャンセル待ちもあり得る。最後まであきらめないようにしよう。

予約の段階から全力投球

会社説明会の多くが定員制で、事前の予約が必要になっている。それも人気企業となると、申し込みが開始されるやすぐに満員となり、受付が締め切られることもめずらしくない。

たかが会社説明会などとあなどってはいけない。そこを通過しなければ先はない、と思って、予約の段階から全力投球すべきだ。

説明会を複数回開催する企業もあるが、だんだん条件は厳しくなる。初回に参加するのがベストといえるだろう。

定員制なら運を天にまかせるしかないと思うかもしれないが、わずかな可能性をめぐって戦われるのが就職活動だ。ここまでやるか、というくらいの努力をしよう。

パソコンの手入れをしておこう

インターネットでの予約申込では、パソコンに頼りきることになる。パソコンが故障したらお手上げだ。直ったときにはすでに予約が締め切られていた、などといったケースもあり得る。日頃からきちんと手入れをしておこう。

どうしてもパソコンに向かうことができない場合は、スマートフォンやタブレットなどで対応しよう。

予約をとる際のトラブルと対処法

スタートラインに立つ努力をしよう

志望先の企業の説明会に参加できなかったとしたら、泣くに泣けない。それも第一志望だったりしたら。予約をとる際のトラブルをあらかじめ予想しておき、充分に対処法を練っておこう。

■予想される障害	■事前に知っておきたい対処法
予約の受付開始日が、たまたまほかの企業の説明会の当日だったり、受付開始日そのものが重なったりする。	友人やサークルの後輩に頼みこんで、インターネットや電話で、代わりに予約を入れてもらおう。
家にネット環境がなかったり、スマートフォンのインターネットに速度制限がかかってしまった。	学校のPCルームや近くのインターネットカフェなど、作業のできる場所を事前に確保しておこう。
申込受付の開始日直前に、パソコンが壊れてしまう。	できるだけメンテナンスはしておきたいが、アクシデントが起きてしまったら、スマートフォンから予約したり、学校のPCルームやインターネットカフェでパソコンを使ったりすることもできる。
運悪く予約がとれなかった。	キャンセル待ちにかけよう。とくに開催日の2、3日前はキャンセルが出ることが多いので、そのときになったら、あきがないか尋ねてみよう。

ダメモトで当日会場に行ってみよう。うまくすれば、キャンセルが出て席があいているかもしれない。交渉次第で入れてくれることも。

合同説明会の正しい回り方

CHECK POINT

見識を広め、必要な情報を集めよう

- □**企業研究の絶好の機会**
  人事担当者と直接話せるチャンス。積極的に参加しよう。
- □**ただなんとなくはダメ**
  時間をムダにしないよう、自分なりの目標をもって回ろう。
- □**自分の軸をもつ**
  自分の軸に合った企業を見つけることを意識して回ろう。
- □**たくさんの数を回る**
  空いているブースにも行って、多くの企業と接触しよう。

自分の軸をもってブースを回ろう

多くの企業が参加する合同説明会は、企業研究・企業選びには絶好の機会だ。しかし、選ぶための判断基準をもっていないと、ただなんとなく会場を右往左往するだけで終わってしまう。そうなると、本当に必要な情報は得られないし、経験も深まらない。

就職活動では、どのような仕事に就きたいのか、自分の軸を早めにもっておくことが大切だ。そのうえで、合同説明会では、その企業が自分の軸に合っているかどうかをチェックしながらブースを回るようにしよう。

空いているブースにも行ってみる

合同説明会は「人が多すぎて話が聞けなかったり、ホームページを見ればわかる話ばかりだったりして、疲れるだけ」と不満をもらす学生もかなり多い。

人だかりのする人気ブースの後ろのほうで、いつまでも、よく聞こえない話に耳を傾けている必要はない。合同説明会では、数を回ることも大切だ。見識を広めるつもりで、空いているブースにも行ってみよう。

学生にはあまり知られていない企業のブースでも、人事担当者から深い話が聞けるかもしれない。

よくない回り方とよい回り方

「なんとなく」回るのはよくない

なんとなく混んでいるブースの話を聞いたり、なんとなく友だちといっしょに回ったりするのはよくない。自分の軸をしっかりもって、たくさんのブースを回ろう。

× なんとなく友だちといっしょに回る

あそこのブースに行ってみる?
ああ、別にいいよ

× なんとなく混んでいるブースの話を聞く

ところで、ぼくは、どんな会社がいいんだっけ?

○ 自分の軸をしっかりもつ

○ できるだけたくさん回る

たとえば、「海外に行ける」

「責任のある大きな仕事を任せてもらえる」「給与が高い」「転勤がない」など、何か自分の軸をしっかりもって、それと合っているかいないかを確かめる。

人気ブースだけでなく、空いているところにも行く。ビジネスは相互でつながっている。見識を広める意味でも、たくさんのブースを回ることが大切。

面接では聞けないきわどい質問も、合同説明会でならできる。人事担当者と直接話せるチャンスを活かそう。

企業のどこをチェックすればいい？

CHECK POINT

会社説明会は企業を選ぶ場でもある

□**業務内容をチェックする**
会社案内に書いてあることと矛盾がなく、一貫性をもっているか。

□**説明を鵜呑みにしない**
会社説明会も企業側のＰＲの場であることをわきまえておく。

□**話の偏りをチェックする**
ひとつの話に偏っていれば、ほかに何かをかくしているのかも。

□**社員の態度をチェックする**
説明会の運営の様子で、その企業の体質や社風などもつかめる。

自分の目で企業を見きわめよう

会社説明会は、志望先の企業と直接対面する初めての機会である。もちろん企業側が学生を選考する場であるが、逆に、学生側が企業を自分の目で見きわめる絶好の機会でもある。

説明会の運営の様子を観察するだけでも、その企業の体質や社風などが見えてくるので、しっかりと隅々まで目を光らせておこう。

社員の態度を観察することも大切だ。入社後にこの人たちといっしょに働いていけるかどうかも、重要なチェックポイントになるだろう。

企業側の説明をそのまま鵜呑みにしない

会社案内と同様、会社説明会も企業側のＰＲの場にすぎない。そこで語られることは景気のいい話が中心のはずである。

会社説明会の場で志望の意志が強まるのはよくあることだが、相手は人事のプロだ。学生の気を引く言葉や演出などは心得たものだろう。猜疑心をつのらせることはないが、用心しておかなくてはならない。

企業側からの説明をそのまま鵜呑みにせず、実態についてはＯＢ・ＯＧ訪問で情報のフォローをしておきたい。

こんな会社は要注意!

会社の体質や社風をしっかりと観察しよう

学生の目から見ても「大丈夫かな、この会社?」と首をかしげたくなるようなら、その直感を信じよう。会社説明会をまともに運営できないような企業は、注意しておくに越したことはない。

■観察のポイント

もしも就職で縁がなかったとしても、将来において顧客や取引先になる可能性もある。社員が学生をないがしろにする態度をとっていれば、その会社の将来性までわかるというものだ。

いつまでたっても始まらない

開始時間がとっくに過ぎているのに、説明会が始まらない。時間にルーズなのは、学生相手にしても失礼だ。新卒採用を初めて行うため、段取りに慣れていない企業ならまだしも、毎年採用活動をしている企業の場合は、ルーズな社風が垣間見える。

学生の質問にちゃんと答えない

学生からの質問にきちんと回答しないのは、担当者が知らないだけか、言いたくないかのどちらかだ。前者の場合、そのような人物を会社の代表として説明会の担当者にする姿勢に問題がある。後者の場合も、質問内容がタブー視されるものでなければ、学生に伏せておきたいウィークポイントがあると推測される。

対応が投げやりだ

受付をはじめ、社員の対応が投げやりな場合には、それが日常業務における取り組み姿勢だと思って間違いないだろう。逆に、学生相手でも誠意のこもった対応をしているなら、ふだんの客に対しても誠意をもって接しているはずだ。

嫌な人が一人いたからといって、その会社を見切ってしまうのは危険。会社にも必ず、気の合う人と合わない人はいるものだ。

企業に質問するときのポイント

CHECK POINT

会社説明会で確かな収穫を得よう

- □**質問を用意して行く**
  企業に関しての下調べが重要。疑問点をあらかじめまとめておく。
- □**悔いを残さない**
  その場でわいた疑問もきちんと解決してから帰ろう。
- □**ほかの人の質問をよく聞く**
  自分一人で質問の時間を独占しないようにしたい。
- □**質問のマナーは守ろう**
  まず大学名と名前を名乗る。最後はきちんとお礼を述べよう。

まとはずれな質問をしてはならない

せっかくの説明会なのだから、企業の担当者に何か印象を残したいという気持ちはわかる。だが、まとはずれな質問をすれば逆効果なだけ。

採用担当者の説明をよく聞いたうえで質問すること。疑問点はあらかじめまとめたうえで出向きたいが、すでに説明されたことを質問してはダメ。

質問が自己PRのような話に流れてしまってもいけない。目立つことではなく、知りたいことを吸収しに行くのが会社説明会の目的だということを心得よう。

また、質問のために割かれる時間は限られている。いくらたくさん疑問点があっても、一人でいくつもの質問をすることはマナー違反。ほかの人の質問に耳を傾けていれば、自分の知りたかったことをきいてくれるかもしれないし、質問の重複も避けられる。

さわやかで明るくハキハキと話そう

質問の内容が稚拙であっても、マナーをしっかり守っていれば評価が下がることはない。

態度でも好印象を与えられるよう心がけよう。さわやかに明るく、ハキハキと話せば、相手の印象もいいはずである。

こんな質問はしてはならない

入社への意欲が疑われる場合もある

いくら質問したい気持ちが強くても、まとはずれな質問をして墓穴を掘らないようにしたい。その質問をすることで入社への意欲や姿勢が疑われかねないような質問もあるので注意しよう。

●労働条件や待遇

本来一番気になるところだが、会社説明会で質問するのは好ましくない。制度としては存在していても、社員が利用できていないことがたくさんあったり、給与の問題は社員どうしでもなかなか話しにくいものである。

●ノルマや残業に対する質問

「この会社は厳しい」という評判を確かめようとして、ノルマなどについて質問する学生がいる。ノルマはあって当たり前で、残業がまったくない会社はない。その度合いを知りたければ、やはりOB・OGを訪ねよう。

●配属先について

入社直前、あるいは入社後の研修期間中に適性が見られたうえで決まるもの。希望が叶うかどうかは実力次第であって、会社の方針ではないことを心得ておこう。

●準備不足を露呈するような質問

たとえば「経常利益率は?」などといった質問。そんなことであれば、会社四季報や企業のホームページで調べることができる。研究不足をさらすだけだ。

●自分にしか意味のない質問

たとえば「御社は色にたとえると何色ですか?」などといった質問。質問の意図がわからず、会場全体が引いてしまうだろう。ほかの学生と共有できるような質問をしよう。

タブーな質問に対する担当者の態度こそ観察に値する。冷ややかにあしらうか、怒鳴り散らすか、ユーモアでかわすか見ておこう。

会社訪問時の身だしなみ（パターンA）

CHECK POINT

基本は清潔感と体型に合っていること

□スーツは濃紺かグレー
カラースーツはダメ。ダブルのスーツでなくシングルが基本。

□Yシャツは白、靴は黒
入社するまでは基本色をおさえたほうが無難である。

□手入れはこまめにしよう
スーツやYシャツのしわや靴の汚れなどにも気をつかうこと。

□清潔であることが一番
新しいスーツの肩にフケなどが落ちていたら台なしというもの。

清潔感のある着こなしをしよう

会社説明会やOB・OG訪問、面接で、どうしても必要になるのがリクルートスーツ。いざというとき、間に合わないとなったらたいへんだ。早めに用意しておこう。

しかし、そうした場において、自分の印象を強く残したいからといって、スーツで目立つ必要はない。無難なものを選ぶに越したことはないだろう。

かといって、体型にも合わず、ヨレヨレではダメ。手入れをきちんと行い、パリッと清潔感のある着こなしをすることが一番。アイロンや靴磨き用具も、この機会に揃えておきたいものだ。

また、ロングヘアもばっさり切ってしまおう。髪を茶などに染めている人は、早めに黒髪にもどしておきたい。

姿勢を正してスーツを着こなそう

着慣れないスーツは、誰でも最初は似合わないもの。

自分の体型にぴったりのスーツを購入できればいいが、レディメイドのスーツであっても、ピンと胸をはり、背筋を伸ばして歩くだけで、意外と印象が違ってくるものだ。姿勢を正すことが、着こなしの基本だということを心得ておきたい。

身だしなみのポイント

スーツは早めに用意しよう

リクルートスーツは、買いに行ったその日に持ち帰れると思わないほうがいい。体型に合わせるため、たいていの場合、サイズ変更が必要になる。直前ではなく、早めの対応が肝心だ。

〈ヘアスタイル〉
ロングヘアは好まれない。茶などに染めている髪もダメだ。短くても、ボサボサではだらしない印象を与えるので気をつけよう。

〈ジャケットの肩〉
フィットして見えるかどうかは肩パッドの量と位置で決まる。自然なシルエットになっているかチェックしよう。

〈Yシャツ〉
白が基本。最低でも2、3着は用意しよう。形状記憶や形態安定加工されているものなら、アイロンかけ不要で便利。首周りのサイズもきちんと合わせる。

〈スーツ〉
シングルのスーツを選ぶ。色は濃紺かグレー。

〈ネクタイ〉
定番はドットやストライプの柄。色はえんじや紺など。派手すぎるものは避けよう。5、6本ほしいところ。

〈ズボン〉
折り目はしっかりつけておこう。裾は靴の甲に軽くかかるくらい。しっかり採寸して丈を調節しておきたい。

〈バッグ〉
黒やグレーなどの地味な色を選ぶ。書類を入れるのに充分な大きさがほしい。

〈靴〉
黒のプレーントウが無難。活動中はたくさん歩くので、ある程度底に厚みがあって、履きやすいものを選ぼう。手入れも忘れずに。

〈靴下〉
清潔感はあるが、スーツに白い靴下はダメ。やはり紺、グレーや茶色が基本。

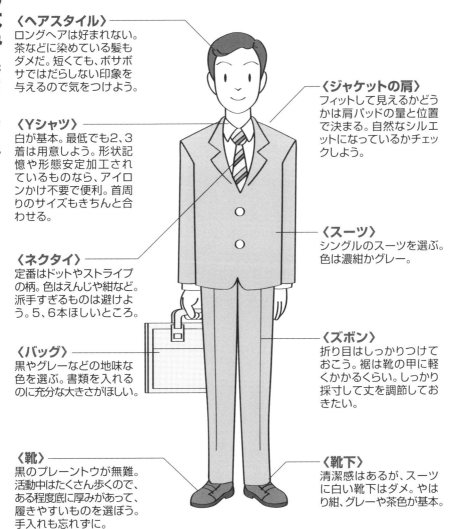

会社訪問時の身だしなみ（パターンB）

CHECK POINT

トレンドにそいながら、上手に個性を演出する

□**スカートスーツが基本**
ただし活動的な性格を訴えたいなら、パンツでもいいだろう。

□**化粧の練習をしておく**
カジュアルな流行のメイクしかできないようではダメ。

□**全体のバランスが大切**
髪型、化粧、スーツ、靴とトータルでバランスがとれているか。

□**似合っていること**
何より自分に似合っているかどうかがポイントになる。

トレンドにそったほうが知的に見える

スカートスーツの場合、デザインはさまざま。逆に選択に迷うこともあるだろう。

ただ、ある程度トレンドにそったほうが、むしろ知的に見える場合もある。主流はやはり、黒やグレー、濃紺のスカートスーツということになる。中に着るブラウスで多少個性を演出するが、目立ちすぎないよう、清潔感の保てる範囲にしておこう。

お店の人に相談しながら、自分らしさが出せて、しかも入社後も使えるようなコーディネートにしたい。

せっかくの化粧を武器にしない手はない

特定の職種をのぞけば、もちろん顔で選考されるわけではない。しかし、化粧をするのとしないのとでは、ずいぶんと印象も変わるもの。無頓着だった人は、早めに練習しておこう。

といっても、素顔が想像もできないほどの厚化粧はダメ。基本は最低限のナチュラルメイクだ。健康的で明るい印象を与えられるよううまく利用したい。

化粧品会社では、フルメイクしてくることを要求されることもあるので、要注意だ。

身だしなみのポイント

大きめの鏡で全身のチェックをしよう

髪型や化粧を含め、トータルでのバランスが大切だ。慣れないスタイルでもあるので、会社説明会やOB・OG訪問、面接に出かける前に、大きめの鏡で全身のチェックをしたい。

〈ヘアスタイル〉
明るい印象を与える自然な栗色なら大丈夫。ロングヘアはおじぎしたときに乱れないようにまとめておこう。

〈化粧〉
ナチュラルで健康的に見える化粧をする。

〈ブラウス〉
白が基本。派手にならない範囲なら、適度にトレンドを取り入れるなど、個性を出したい。夏場は、半袖でも大丈夫。

〈ピアス〉
小振りで目立たないもので、ぶら下がりタイプでないなら大丈夫。その他のアクセサリーはしないほうが無難。

〈マニキュア〉
透明感のある薄目の色なら大丈夫。いくら自慢でも、伸ばしすぎの爪はやめておこう。

〈バッグ〉
黒やグレー、濃紺などの地味な色を選ぶ。書類を入れるのに充分な大きさがほしい。ショルダーになる肩かけの長いものが便利だ。

〈ストッキング〉
ナチュラルカラーが無難。

〈スカート丈〉
座ったときに太股がむき出しになるようなミニはダメ。膝上丈のスーツを買うときは、鏡の前で腰かけてみよう。

〈靴〉
派手なデザインは避け、色は黒、茶、濃紺。スーツに合わせて選びたい。ヒールは高すぎると疲れやすいので、低めのものがいい。

会社訪問時の必需品はコレ！

CHECK POINT

手荷物は必要最小限に身軽に出かけよう

□**大きすぎるバッグはダメ**
大きなバッグを持ち歩くのは、掛けもちしている感じでよくない。

□**手荷物は必要最小限にする**
行った先で荷物が増える場合もある。バッグの中身に余裕をもたせる。

□**必需品を忘れない**
必需品とそうでないものを分け、必需品をまずバッグに入れる。

□**バッグの中を整理する**
必要なものがすぐに取り出せるようにしておくことが大切。

面接のマニュアル本は持ち歩かない

会社説明会やOB・OG訪問、面接に行く際には、できるだけ余計なものは持たず、手荷物は必要最小限にしておこう。

とくに合同説明会のときは、複数の企業の会社案内などを持ち帰る可能性が高くなる。行くときは身軽で、バッグの中身に余裕をもたせておかないと、入り切らなくなってしまう。

さらに気をつけたいのは、面接のマニュアル本などを持ち歩いたりしないこと。荷物が増えるだけでなく、万一採用担当者に見られたら、今話していることはマニュアル通りかと思われてもしかたない。そうなったら最悪だ。どうせ持つなら、話題のビジネス書か何かにしておこう。

あわててバッグをごそごそしないために

バッグの中は、メモ用紙や筆記用具やティッシュペーパーなどのこまごまとしたものが乱雑に詰め込まれていたりはしないだろうか。応募書類などの提出を求められたら、すぐにサッと出せるように、常に整理しておきたい。

書類が折れ曲がったりしないように、クリアフォルダーなどに挟んでバッグに入れるようにするといいだろう。

会社訪問時の必需品と便利なグッズ

不安な気持ちと荷物の量は少なめに

いよいよ会社訪問と考えると、不安になっていろいろなものを持って歩きたくなるが、重い荷物を持って何社も回るのはムダだし、余計に消耗してしまう。必要最小限の持ち物をチェックしておこう。

■会社説明会の必需品

□ 履歴書	いつ提出を求められるかわからないので、余分に持ち歩こう。
□ エントリーシート	事前に送付してあればよいが、説明会の会場で提出するケースもある。
□ メモ帳	説明会での話は、必ずポイントをメモしておこう。
□ スケジュール帳	その場で、今後の就職活動の予定を調べなければならなくなることもある。
□ 筆記用具	メモ帳やスケジュール帳だけ持って、筆記用具がなければ意味がない。
□ 会社案内	説明会の会場で最新版をもらえることもあるが、事前に送付されているなら持参したい。
□ スマートフォン	いつどこの企業からの連絡が入るかもわからない。常に持ち歩きたい。ただし、会社や会場に入る直前に電源をオフにし、留守番電話にしておこう。

■持っていると便利なグッズ

□ ポケット地図	道に迷わないために、訪問する会社や説明会の会場周辺の地図があるといい。
□ エチケットブラシ	冬場は電車の中にセーターを着た人が多く、せっかくのスーツを毛だらけにされることもある。駅に着いたら、スーツをきれいにしてから会場に向かおう。
□ 化粧直しの道具	フルメイクの道具を持ち歩く必要はないが、コンパクトと口紅くらいは持っていたい。
□ ハンカチ、ティッシュ	外出時の常識だが、緊張で汗をかいたり、急に腹痛を起こすかもしれないので忘れずに。

びしょ濡れでは会場にも入りづらい。風邪を引いてもいけない。
朝、新聞を読むときなどに天気予報もしっかり確認しておこう。

知っておきたい敬語とマナー

CHECK POINT

言葉づかい、態度は必ずチェックされる

□**敬語を正しく使おう**
尊敬語、謙譲語、丁寧語の区別はできているか。

□**過剰な敬語もダメ**
かえって嫌味に聞こえることもあるので、さわやかに。

□**若者言葉にも注意する**
はやりの言葉や若者にしか通じない言葉は使わないようにする。

□**マナーをわきまえる**
社会人として常識的なマナーを知っておこう。

正しい敬語を身につけよう

敬語を自然に使うのは社会人の基本だ。ぜひとも正しい敬語をマスターしておきたい。とくに、会社について質問するときはきちんとした敬語で尋ねたい。

しかし、たとえ使い方が間違っていなくても、過剰な敬語は嫌味に聞こえることがあるので注意しよう。ビジネス社会では、敬語もＴＰＯで柔軟に使い分ける。学生の身分では、あまり仰々しい言葉は使わないようにしたほうがいい。それよりもむしろ、さわやかさを印象づけたい。

面接などで自分のことを話すときは、間違った謙譲語より、わかりやすい丁寧語ぐらいがちょうどいいだろう。

ビジネスの世界にはさまざまな不文律がある

初対面での挨拶のしかた、応接室や会議室での着席場所など、最低限のことは知っておきたい。

自分では失礼のない態度をとっているつもりでも、伝統的に守られているマナーを知らずにいると、それだけで非常識な人間と思われてしまう。学生だからといって、大目に見てもらえるのは昨日まで。今日からビジネスパーソンとしてふるまう、最低限のマナーを身につけよう。

言葉づかいの常識

ふだんから敬語に慣れておこう

たとえば、「○○様はおいでになられますか」は尊敬表現の「お（ご）〜になる」 と尊敬の助動詞「れる」が含まれており、過剰な敬語になっている。こうしたことにも神経を使いたい。

■基本的な敬語の表現

単語	尊敬語（相手に対して使う）	謙譲語（自分に対して使う）
言う	おっしゃる、言われる	申す、申し上げる
見る	ご覧になる、見られる	拝見する、見せていただく
聞く	聞かれる、お聞きになる	うかがう、承る、お聞きする、拝聴する
いる	いらっしゃる、おいでになる	おります、おる
知る	ご存じ	存じる、存じ上げる、存じている
思う	思われる、お思いになる	存じる、存じ上げる
行く	行かれる、いらっしゃる	参る、うかがう
会う	お会いになる、会われる	お目にかかる
すみませんが	——	申し訳ございませんが、恐れ入りますが

■ら抜き言葉に注意

単語	正しい表現	間違った表現（ら抜き言葉）
見る	見られる	見れる
食べる	食べられる	食べれる
来る	来られる	来れる
寝る	寝られる	寝れる
出る	出られる	出れる

ふだんは「どうも」で済む挨拶も、就職活動では「どうもありがとうございました」などと、きちんと最後まで言うように心がける。

会社訪問時のマナー

最低限のビジネスマナーを身につけよう

ビジネスを円滑に気持ちよく進めるために、また、職場を快適な雰囲気に保つために、マナーを守ることはとても重要。社会に出る前に、最低限のビジネスマナーを身につけておきたい。

■待っているときはどうする?

会社説明会が始まる前や、面接の控え室にいるときは、周囲の学生とおしゃべりなどしないように。キョロキョロと周囲を見回すと、落ち着きがないと思われる。

■受付では、まず名乗ろう

会社の受付や説明会の会場では、まず、自分の大学名と名前を名乗るのが基本中の基本。

■部屋への入り方は?

入る前に「失礼いたします」と声をかけ、中へ入ったら、ドアのほうへ体を向けて閉めよう。中にいる人にお尻を向けたり、後ろ手にドアを閉めるのはよくない。

■ノックは3〜4回

応接室や会議室に呼ばれたら、入る前にノックをするのが常識。「コンコンコン」と軽く3〜4回ノックしよう。大きな会場で、ドアが開いていればもちろん不要だ。

■イスに座るタイミングは？

中に人がいるときは、着席を勧められてから。誰もいないときは座って待っていてよいが、会社の人が入ってきたら立ち上がって挨拶し、着席を勧められてから座ろう。

■下座に座る

会議室や応接室には上座・下座がある。目上の人が座るのが上座で、逆が下座。座る席を指定されていないときは、下座に座ること。図の1～5の順で上座から下座になる。ソファと一人用のイスが置いてあるときは、一人用のイスに座ろう。

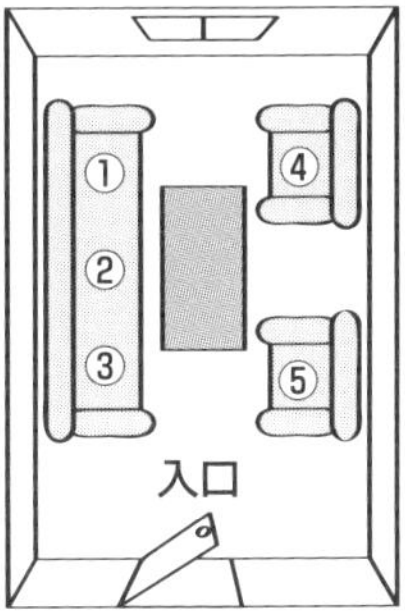

■カバンはどこに置く？

書類の入ったカバンは、足もとに置くのがマナー。ただし床にべったり置くのではなく、いつでも書類を取り出せるように、イスの脚に立てかけるように置こう。

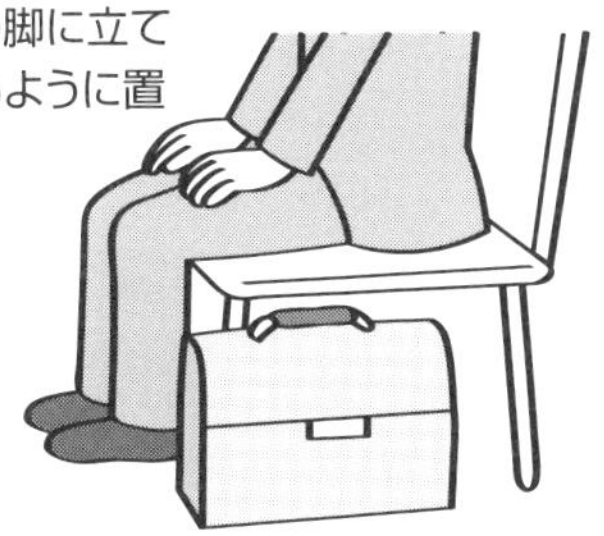

■イスの座り方は？

深めに腰掛けたほうが安定するが、背もたれには寄りかからず背筋を伸ばして座ろう。スカートの場合、裾が気になるようなら、浅めに座ったほうがいい。

■退席するときの挨拶は？

「本日はありがとうございました」と述べて、おじぎをする。背筋を伸ばしたまま腰から30度くらいの角度で上半身を倒すのが基本。

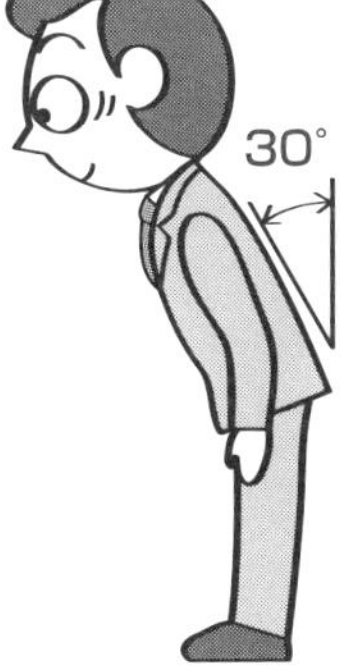

■名刺を渡されたら？

担当者から名刺を渡されたら、両手で受けとって、机の上に見えるように置いておくのがマナー。すぐにしまわず、帰るときには忘れず、持って帰ろう。

会社説明会で得た情報の整理術

CHECK POINT

情報を整理し、活用しやすくする

- □**情報は記録に残す**
  耳で聞いた情報はその場で必ずメモをとるようにする。
- □**ノートにまとめよう**
  忘れないうちにメモからノートにまとめる。
- □**自分なりの工夫を凝らす**
  ポイントにマーカーで色をつける、イラストを入れるなど。
- □**他社の情報と比較する**
  どの情報がどの企業のものか、混乱しないように管理しよう。

集めた情報を活用しやすくまとめよう

企業研究から会社説明会へと段階を経てくると、徐々に志望の気持ちが強まる企業と、そうではない企業の見分けがついてくる。いよいよ絞り込みの時期に入ってきているのだ。

ここで大切になるのが情報の整理だ。せっかく何社も会社説明会に行ったのに、行ったという事実だけに満足してはいられない。説明会で仕入れた情報は活用しやすいようにまとめ、整理しておく必要がある。

訪問した企業で受けた印象や手応えの違いなどを自分なりに分析しながら、情報のまとめにとりかかろう。

印象の薄れないうちに早くまとめる

何社も回っていると、最初の頃に訪問した会社などに関してはとくに感じた印象などが薄れてきがちになる。会社説明会のときに書いたメモが、あとで意味不明になることもあるので、できるだけ早めにきちんとしたかたちでまとめておきたい。

たとえ何も感じることがなく、印象が薄かったとしても、何も残さないのではなく、何らかの言葉にして残しておくと、あとで比較するときに便利だ。

企業の情報はこうまとめる

自分なりにノートにまとめよう

会社説明会から帰ったら、早めにその日のメモから企業の情報をノートにまとめておこう。企業ごとに違いがわかるようにしておく。印象が薄れないうちに、感想も書いておくようにしよう。

会社名	○○商事
訪問日時	20○○年4月10日　10時～
場所	本社会議室
目的	会社説明会
会った人	人事部　山本氏（額にほくろあり）
	専務取締役　佐藤氏
行われたこと	業界解説、会社説明、集団面接
今後の予定	集団面接の結果を4月17日までに電話通知。
説明会のポイント	20○○年までの中長期プロジェクトの紹介。
	ヨーロッパ市場への進出について。
	ドイツT社との業務提携について。
印象	スタッフはみんな親切で感じがよい。人間
	関係的には働きやすそう。入社してから
	必要とされる英語力に不安。
面接での質問事項	志望動機、学業以外で打ち込んだこと
備考	
ホームページ	http://www.○○.co.jp
情報誌	会社年鑑○○ページ
会社案内	入手済み（事前送付）
エントリーシート	提出済み（説明会時）
OB訪問	未定
OB名	田中隆氏（食料部）
連絡先	03-○○○○-○○○○
OB訪問で聞いたこと	

いつ、どこで、何の目的で訪問したかを記録しておく。（会社名～目的）

実際に会社説明会で話をした人、面接で会った人など、部署と名前が判明していれば記入しておこう。（会った人）

今後の予定が公表されたら、必ず記録しておこう。（今後の予定）

全体の印象や感想を忘れないうちにまとめておく。（印象）

面接できかれたこと、答えたことなどを記録しておこう。（面接での質問事項）

参照すべきほかの情報源を記入しておく。（ホームページ・情報誌）

エントリーシートの締切、提出方法など。（エントリーシート）

OB・OG訪問の記録も、併せて書いておくと便利だ。（OB訪問～OB訪問で聞いたこと）

COLUMN

先輩たちの体験談に学ぼう！

「会社説明会は、参加するまでにいくつかハードルがあります。情報の入手、予約、そして、実際に自分の体を会場まで運ぶことです。私の場合、会場までの道に迷って、右往左往することが多かったです。遅刻したうえに、汗だくで会場に入ったこともあり、とても恥ずかしい思いをしました。履き慣れていない革靴のせいで足も痛くなり、かなりつらい思いをしました。とにかく会社説明会のときは、早めに家を出ることを心がけるべきでしょう。」（H大学・Tさん）

「会社説明会の段階から、人事担当者に顔を覚えてもらうことが大切だと思います。席はできるだけ前のほうに座りましょう。そして、質問を促されたときは、手を挙げて何か必ず発言すること。その会社が取り組んでいる新規事業についてだとか、日々の仕事の具体的な内容だとか、関心をもって説明を聞いていれば、質問は見つかるはずです。私はそうやって、今内定をもらっている会社の面接のときには、人事担当の方に「がんばって」と声をかけていただけるまでになっていて、すごく励みになりました。会社説明会も自分のアピールの場だと考えて出席しましょう。」（I大学・Sさん）

「自分の場合、将来やりたいこともなく、それ以前に、世の中にどんな仕事があるのかも多くは知りませんでした。内定の決まった会社についても、合同説明会に出て、たまたま入ったブースではじめて知りました。部屋にこもってあれこれ考えているよりは、たくさん説明会に参加するほうが、自分のやりたい仕事を見つける近道だと思います。合同説明会は、その点、一度に多くの企業の情報を入手できるところがいいと思います。もちろん仕事探しといった面だけでなく、合同説明会の出席が、企業ごとの個別の説明会に進む条件になっている場合もあるのであなどれません。」（K大学・Nさん）

第6章

筆記試験の準備をしよう

どんな筆記試験が実施される？

CHECK POINT

適性検査をうまく切り抜けよう

□**適性検査対策は欠かせない**
SPI-3をはじめとした適性検査を実施する企業は多い。

□**一般常識も試される**
基本教科の学力レベルが測られることも多い。

□**時事問題の出題も多い**
社会人として身につけておくべき教養と知識が試される。

□**Webテストも増えている**
早い時期にふるいにかけるためにWebテストが行われたりする。

筆記試験の目的はふるい落としがほとんど

4年生の6月になると、選考が本格的にスタートする。しかし最近は、選考の最初の段階で、インターネット上でWebテストを行い、ふるいにかけるというケースも多い。また、会社説明会の会場でいきなり筆記試験が実施されることもある。

いずれにせよ、多くの企業では、大勢の受験者を募り、そこからある程度の人数に絞り込むために筆記試験を実施しているケースが目立つ。

そうでなければ、まず面接によって人物重視で絞り込んでいき、定員より人数が多くなった段階で、筆記試験の結果を参考にすることもある。

筆記試験対策を早めにしておこう

企業は、勉強ができればいいという基準では学生を採用しないため、「これくらいのことはできなければ」という、ごく基礎的レベルの出題が多い。

とはいえ、大学入学後、サークル活動、アルバイトなどに明け暮れ、まともに勉強してこなかった人も多いはず。こうしたことを考えれば、筆記試験をあなどるわけにはいかない。早めに市販の問題集などにあたっておこう。

筆記試験にはこんな種類がある

適性検査が重視されている

さまざまな試験方法が採用されているが、多くの企業では適性検査が重視されている。そこでは、個人のもつ知識や学力ではなく、素早い思考力や判断力、作業の速さや正確さなどが求められる。

適性検査	SPI3	リクルートマネジメントソリューションズが運営している適性検査で、「言語」と「非言語」の分野の能力検査と性格検査から成り立っている。マークシート方式で解答する。
	GAB・CAB	日本SHL社提供の適性検査で、SPI3の次に多く採用されている。GABでは長文読解と表を読みとる能力が、CABでは法則性や暗号の解読能力などが試される。
一般常識		国語、数学、理科、社会、英語といった基本教科の、学力レベルを判断する試験。
時事問題		国際情勢、経済、産業問題等、社会人として知っておくべき範囲の知識、教養を判断する試験。
小論文		テーマとしては、一般的には、時事問題と関連した社会ネタが多い。新聞社や出版社といったマスコミ関連などでは多く出される。
専門知識		職種別採用でない場合も、その業界で働くうえで知っておきたい基礎知識、現在もっとも注目されている技術や商品、業界のさまざまな動向などに関して出題されることがある。
Webテスト		インターネット上で受検するテスト。初期のふるい落としに多く使われる。内容はさまざまだが、性格検査・言語・計数・英語などが出題されるケースが多い。SPI3（Web版）や「玉手箱」などの検査が使われている。

テスト会場に受検者が集まり、パソコンを使って受検する方法（テストセンター）も増えている！

各企業が独自に作成した筆記試験では、それぞれの業界に関する専門用語が問われたり、時事問題についての出題が多い。

SPI3について知っておこう

CHECK POINT

多くの企業で採用する精度の高い適性検査

□**多くの企業が採用している**
業者の作成・運営するテストの中でもっとも多く利用されている。

□**精度はかなり高い**
客観的な評価基準が得られ、測定結果は信頼度が高い。

□**企業にとって便利な試験**
大勢の受検者の採点にも、マークシート方式は手間がかからない。

□**問題集で慣れておこう**
設問数の多さに圧倒されず、時間配分ができるようにしておこう。

多くの企業で実施される総合適性検査

ＳＰＩ3とはリクルートマネジメントソリューションズが運営している、総合的に適性を判断するマークシート方式の能力・適性試験のこと。

コンピュータで採点・分析するので、結果が出るのが早く、効率的であるため、多くの企業で利用されている。また精度もかなり高く、客観的な評価基準としての信頼度も絶大だ。

費用がかなりかかるため、すべての企業で実施しているわけではないが、何社も受験していれば、遭遇する可能性は極めて高い。

SPI3では何が測定されるのか？

ＳＰＩ3には言語（国語）、非言語（数学）の能力検査と性格検査がある。

前者は一般常識レベルの国語や数学の問題を選択肢から解答するもので、後者は性格分析によってその特徴が診断される。

能力検査と性格検査の結果から、職務適応性と組織適応性が測定されるようになっている。

いずれもそれほど難しい出題はないが、設問数が多いので、時間配分が大切になってくる。あらかじめ市販の問題集にあたって慣れておきたい。

SPI3ではどんな問題が出される？

能力検査は練習しておこう

性格検査には攻略法はないが、能力検査なら市販の問題集に当たることで、あらかじめ充分に慣れておくことができる。設問数の多い試験だが、練習によって時間配分も上達するはずだ。

■能力検査

「言語」の分野

語彙、文法、長文読解など、国語の試験のような問題が出される。

<出題例>
下の2語の関係と等しい関係となるように、右の空欄に入る語句を選び、記号で答えなさい。

[バラ：植物]＝[犬：?]

A. ペット　B. 動物　C. 生物
D. 鉱物　E. 食物

解答　B

「非言語」の分野

数学・理科の試験のような初歩的な計算問題が出される。

<出題例>
1本70円の鉛筆と1本90円のボールペンを合計で16本買い、2000円出したら780円おつりがあった。鉛筆は何本買いましたか。

A. 10本　B. 11本　C. 12本
D. 13本　E. 14本

解答　B

■性格検査

行動的側面（行動力、社交性、根気など）、情緒的側面（情緒的にどのくらい安定しているか、対人関係や組織への適応力）、意欲的側面（やる気、意欲、活力など）、社会関係的側面の分析から、性格的な特徴が診断される。

■職務適応性と組織適応性

能力検査による分析と性格的な特徴から、さまざまな職務や組織風土への適応性を各5段階で評価する。

試験内容や解説に新しい情報が入っているかを必ず確認してから買うこと。内定のとれた先輩にどんな問題集がいいかきいてみよう。

ＳＰＩ３の結果はどう使われる？

CHECK POINT

性格検査は面接にも使われる

□**人数を絞り込むために利用**
多くの企業がＳＰＩ３を、人数を絞り込むための手段に使っている。

□**能力検査をクリアしよう**
能力検査の結果があまりに悪いと、面接に進めない場合もある。

□**性格検査は配属の参考に**
求める人材との比較や、入社後の配属の参考にされる。

□**性格検査は正直に答えよう**
自分を偽って得することは何もない。正直に答えることが大切。

能力検査の結果は絞るのに利用される

企業がＳＰＩ３を使用する最大の目的は、人数を絞り込むための手段だ。大勢の受験者を募ってはいても、応募してくる人全員を面接する余裕は、どんな企業にもない。そこで、まずＳＰＩ３で職務適応性と組織適応性の高い人を選抜し、絞り込んだうえで面接を行うようにする。

ＳＰＩ３は能力検査と性格検査で成り立っているわけだが、人数の絞り込みの段階でとくに重視されるのは、能力検査だ。

どれだけ仕事への意欲があっても、国語や数学・理科の初歩的な問題が、充分にこなせなければ、面接の段階に進んでいくことも難しい場合があるのだ。

性格検査の結果は面接の資料にされる

逆に、性格検査の結果だけでふるいにかけられ、落とされてしまうといったことは、よほどのことがない限り、あり得ないと考えていいだろう。

性格検査は、面接の際の資料としても用いられることも多い。エントリーシートに書かれている内容だけではわからない受験者の性格を判断したいということから、面接官は性格検査の結果を重視している。

性格検査の出題形式

正直に答えて大丈夫

性格検査は、エントリーシートなどとともに、面接での参考資料として使われる。性格検査の結果だけで合否が決まることはまずない。いい格好しようと思わず、正直に答えよう。

■出題形式は2パターン

【パターン１】ＡとＢの２つの比較から四者択一

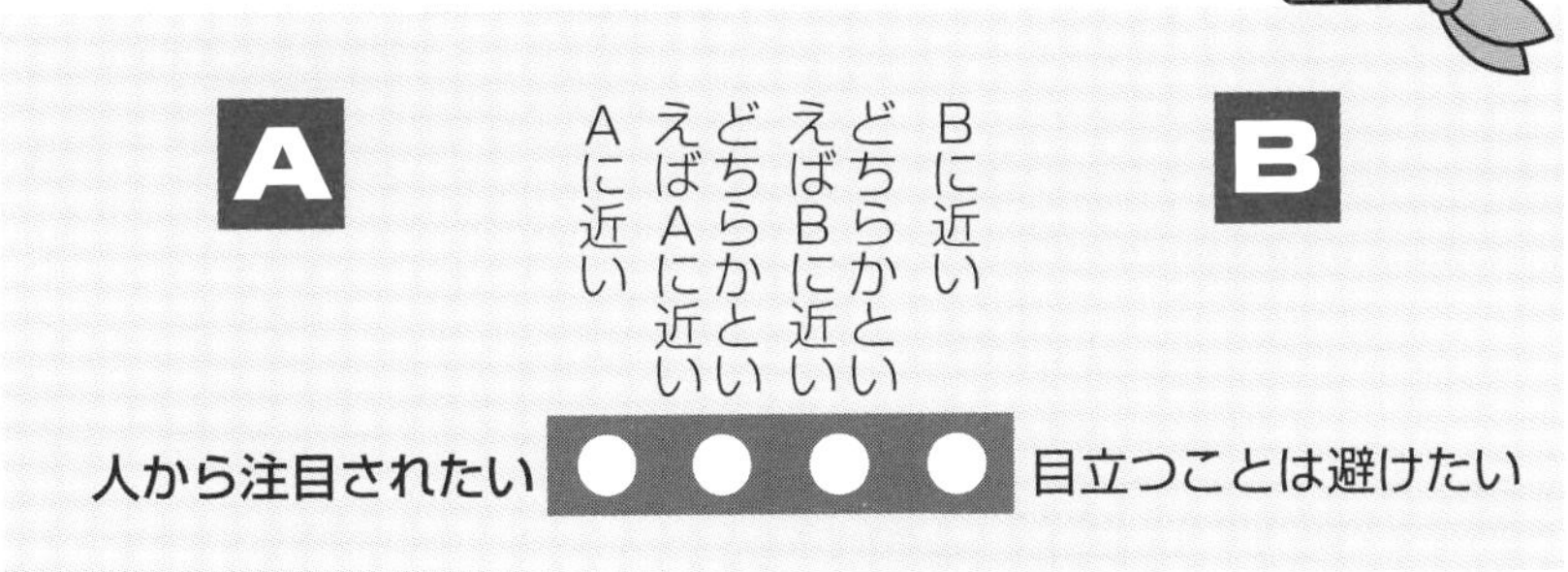

【パターン2】 １つの設問に対して四者択一

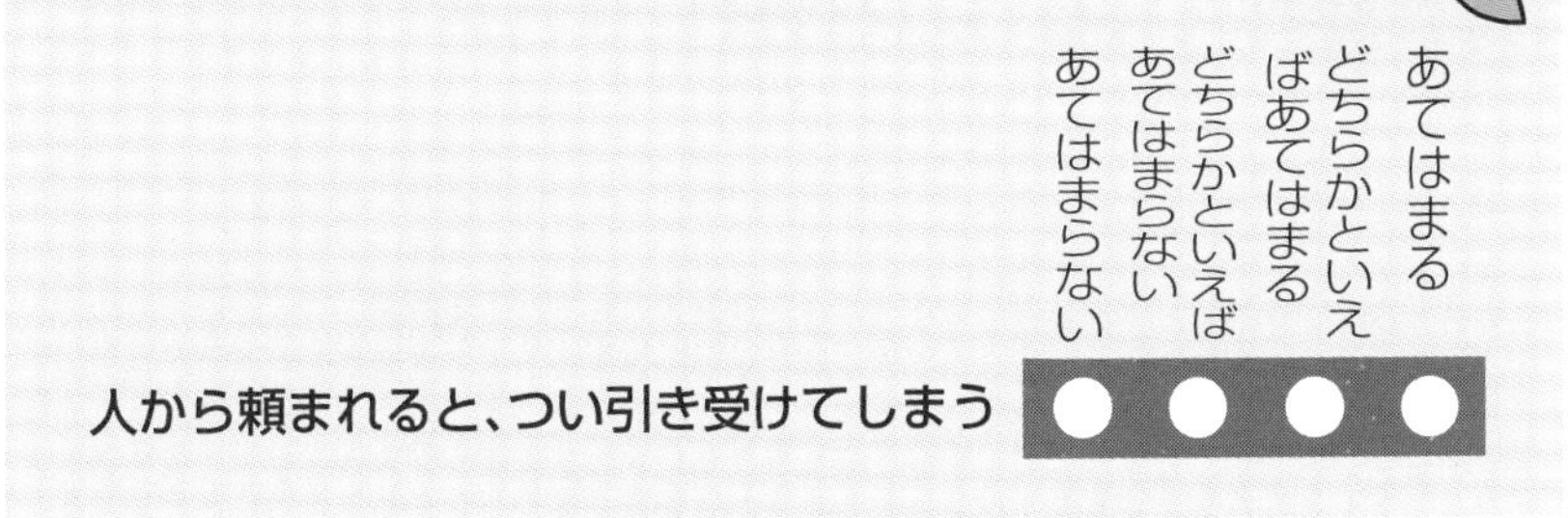

パターン1、パターン2合わせて約200の質問がある。自分をよく見せようとしても、200問のうちのどこかにウソが表れてしまう。

採用の参考資料だけでなく、配属決めの資料として使われるなど、性格検査に対する企業の信頼度は高い。だからこそ、自分らしく正直に答えよう。

一般常識を攻略しよう

CHECK POINT

高校入試のレベルで大丈夫と思っていい

□数学・理科は公式を復習
技術系の専門知識を問う試験でない限り、難問は出されない。

□時事英語を押さえておこう
英語は大学の授業にもある。よほど苦手でない限り心配ない。

□国語の試験をあなどらない
意外に読めない漢字は多い。自分の国語力の乏しさを反省しよう。

□新聞をよく読んでおこう
国語や社会では、時事問題から出題されるケースが多い。

社会人にとっての一般常識とは？

一般常識というくらいだから、わざわざそのために勉強しなくてもいいのだろうか。しかし、自分が一般常識をもっているかどうかを、まず市販の問題集などにあたって確かめてみよう。

一般常識というのは、大学生なら知っていて当然の内容、ということ。しかし、数学や物理の試験なしで大学に入学した学生にとって、たとえば因数分解やニュートンの運動方程式が常識の範囲に収まるかどうか、意見は人それぞれといったところだろう。つまり、一般常識といっても、自分勝手にその範囲を決めて、タカをくくってはいられないということだ。

苦手な分野を中心に勉強しよう

とくに甘く見がちなのが、国語だ。毎日使っているのだから大丈夫と思っていても、案外、新聞などに出てくる用語で意味のわからないもの、読めない漢字は多いはず。最近、国語力は重要視される傾向にあるので要注意だ。

いずれにしろ、国語、数学、理科、社会、英語といった基本教科に関してオールマイティーな人はそれほどいないだろう。苦手な分野は勉強しておくに越したことはない。

市販の問題集の取り組み方

大学入試の受験勉強ではない

一般常識に関する問題をまとめた市販の問題集を見てみると、その難しさに驚くかもしれない。しかし、そこで悲観して、大学入試の受験勉強のときのように、丸暗記をはじめる必要はない。

■市販の問題集の賢い使用法

難問を必死で解いたり覚えたりするのは、時間のムダ。難問は多くの学生が解けない。問題集は、問題を解くというより、流し読みをして、出題の傾向をつかむために使ったほうがいい。

各教科の勉強のポイント

■数学・理科

基本の公式を思い出す程度でいい。市販の問題集にあたって、数問解いてみよう。

■英語

長文を読むのに慣れておきたい。基礎的な単語をおさらいしておこう。とくに時事英語に関しては勉強しておいたほうがいい。

■国語

簡単な漢字の読み書きを確認しておく。同義語・対義語を忘れていないかチェックしておこう。

■地理・歴史

中学・高校で学んでいたことを忘れている場合、今から勉強する暇はないので、問題集に出ている範囲のことをふりかえる程度にして、時事問題に集中したほうが得策。

**もったいないからといって、隅から隅まで使う必要はない。
一問一問解いていくより、わからないところを重点的に勉強しよう。**

時事問題には万全の対策を

CHECK POINT

時事問題は社会人としての常識

□**知っておいて当然のこと**
社会に出るに際して、当然身につけておくべき常識と見なされる。

□**重要度の高い筆記試験**
社会情勢への関心度を、企業は確認している。

□**時事問題は学生が弱い部分**
一般常識に比べて、学生は時事問題に弱い。しっかりと対策を。

□**関心をもつことから始める**
日頃から関心をもって、新聞やニュースをチェックしよう。

時事問題はビジネスに深く関わる

社会に出て働いていると、さまざまな時事問題が自分の仕事に直結しているのがわかる。企業の経営方針などはもちろんのこと、個人単位のデスクワークに至るまで、世の中の動きに対応せずには始まらない。

どんな時事問題も、他人事として受け止めないことが大切だ。

新しい法律の制定、業界の動向、企業犯罪などの事件、消費者の興味や流行など、世界で起こっているすべての出来事がビジネスシーンに深く関わっていることを肝に銘じておこう。

勉強の基本はまず新聞を読むこと

人材採用において時事問題がどうして重要視されるのか、その理由はわかったと思う。では、どんな問題が出るのか？

最低限、テレビのニュース番組などを見て、大きな世の中の動きは知っておきたい。

しかし、ここでも新聞を読んでいるかどうかで差が出る。ほとんどの時事問題は、新聞から出題されるといっても過言ではない。それも経済面に限らず、政治、社会、家庭、文化など、各方面にわたっているので、見出しだけでも目を通しておくことが必要だ。

書店に行ってみよう

時事問題対策のヒントを見つけよう

筆記試験のために急に新聞を読み出しても、時事問題として何が重要なテーマかを把握するのは難しい。まして見出しだけを読んでいても、ちっとも頭に入らない。そんなときは書店に行ってみよう。

あらゆる分野・方面の時事用語をざっと概観しておきたい。

■市販の時事用語集を利用しよう

全部暗記しようと思わず、まずは全体を流し読みしよう。そして、志望先の業界や企業と関連のありそうな用語については、とくにしっかり理解するように努める。また、新聞を読むときに意味がわからない言葉があったら、用語集で確認しておこう。

ビジネスの世界で今何がもっとも注目されているかを知りたい。

■ビジネス書のコーナーに行ってみよう

書店のビジネスコーナーに平積みされている書籍のタイトルを見れば、ビジネスの世界で今何がもっとも注目されているかがすぐにわかる。同じテーマの本が3冊以上並んでいたら要チェックだ。それらの本を熟読する必要はないが、テーマについて用語集や新聞で知識を深めておこう。

ニュースの波に翻弄されず、新聞記事の内容をじっくりと考え、理解し、記憶に留めたい。

■「新聞ダイジェスト」を利用しよう

各種新聞の1ヵ月間に報道された記事が、切り抜きで、政治、経済、労働、科学、環境、教育、社会、文化、スポーツなどのジャンルごとに分けられ、編集されている。時事問題を理解しやすいように、重要な記事には、新聞の社説や解説などが付けられている。

並べられた本の表紙で、ビジネスだけではない、社会問題をはじめ、文化・スポーツなど世の中のトレンドのおおよそがつかめる。

時事問題で勝つためのカギ

CHECK POINT

時事問題にまず関心をもつことが大切

- □**丸暗記ではダメ**
  丸暗記でなく、その問題の背景や影響も理解しておきたい。
- □**理解することが大切**
  覚えようとせず、理解しよう。理解できれば、自然と覚えられる。
- □**関心の強さがカギ**
  ふだんの暮らしの中から、時事問題への関心をひろげるといい。
- □**自分なりの意見をもつ**
  関心にそって理解しながら、自分なりの意見や考えをもとう。

関心をもてば勉強ははかどる

時事問題の対策にありがちなのが、市販の時事用語集などを買ってきて丸暗記すること。しかし採用試験の場面では、その問題に対する自分なりの意見や考えを述べるよう求められることもある。丸暗記では、そのようなことに対応できるはずもない。

大切なのは、一つひとつの時事問題を、自分の関心にそって、その背景や影響といっしょに理解していくことだ。そうすれば、わざわざ丸暗記せずとも、自然に覚えられ、また記憶にも残りやすい。時事問題に対して、自分なりの意見や感想がもてるように勉強を進めよう。

ふだんの暮らしの中から関心をひろげよう

最初は身近なことにしか関心がないというのでかまわない。

たとえば年金制度が変わったら、両親はどうなるのか、自分の老後の生活設計はどうなるのか、そうしたことに興味のない人は少ないだろう。

特定の商品の値段が急に高くなったな、と感じたら為替相場や原材料の供給に何か変化があったのかもしれない。このように身近な出来事に問題意識をもっていれば、時事問題は楽勝のはずだ。

これなら時事問題通になれる

関心の強さがカギになる

業界（企業）研究と筆記試験対策を切り離して行うのはナンセンス。関連のある時事問題に興味がもてないとしたら、その業界や企業に対する志望動機は、かなり薄弱なものということになってしまう。

業界（企業）研究

業界（企業）研究を進める際、たとえば、成長の原因は何か、なぜ新規事業を始めたのか、経営方針の転換の理由は何か、といったように、常に情報の背景に関心をもとう。企業内の事情だけでなく、必ず外部からのさまざまな影響があったはずで、それは時事問題にも関連している。

時事問題対策

いくら覚えろといわれても、興味がなければ頭の中を素通りするだけ。就職したい会社や業界があるなら、そこに関連した時事問題に関心をもてないはずがない。

連動させて関心をもつ

業界別チェックの例

金融	・金融に関わる大きな法律等の制定、改正について ・特定の企業について、株価の大きな変動とその原因について ・為替の変動による国内外への影響について
商社・流通	・貿易、商業に関わる大きな法律等の制定、改正について ・最近、注目されている商品・製品について ・為替の変動による国内外への影響について
メーカー	・製造や貿易等に関わる大きな法律等の制定、改正について ・最近、注目されている商品・製品について ・志望先の業界に関する新しい技術の開発や研究成果などについて
マスコミ	＊マスコミを目指すなら、カテゴリーを限定せず、すべての時事問題に精通している必要がある。 ・最近の芥川賞・直木賞など、主要な文学賞の受賞者と作品名 ・社会面でトップ記事となった事件や事故など ・大きなタイトルをとったスポーツ選手など

自分の志望する業界で、過去1～2年の間に新聞を騒がせたトピックスの内容と、それに関わる用語の意味をおさえておきたい。

小論文に慣れておこう

CHECK POINT

自分の意見を論理的に説明する

□**自分なりの意見で勝負する**
ステレオタイプではねられる。自分なりの意見をもとう。

□**論理的にものを考える**
自分の意見を他人に説得力をもって伝えられるかがポイント。

□**出題テーマはさまざま**
きちんとテーマにそった回答になっているかも大切。

□**新聞の社説を参考にしよう**
テーマはとくに時事問題と関連した社会ネタが多いので要注意だ。

筆記試験で小論文を書かされる

就職活動の中に、文章を書かなければならない機会は多い。

エントリーシートもそうだが、最近は、筆記試験の一環として、小論文を書かせる企業も増えている。出版・マスコミだけに限らず、あらゆる業界で、そうした傾向が強いのは、自分の頭でものを考えることができ、しっかりと自分の意見をもっている人材を企業が求めているということだ。

これらの試験でさらに重要なのは、自分の意見をきちんと論理的に説明し、他人に伝えることができるかどうかだ。単なる感想文ではないことに注意したい。

ぶっつけ本番の勝負にそなえておこう

また、筆記試験での小論文は、エントリーシートと違って、ぶっつけ本番で書かなければいけない。家でゆっくりと考える暇はなく、試験会場で決められた時間内に書き上げなければならない。

与えられるテーマもさまざまで、エントリーシートのように志望動機や自己PRばかりを書かされるわけではない。

ふだんから、ものを考えること、文章を書くことに慣れていないと、予想以上に手こずることになるだろう。

小論文を書くためのポイント

さっそく練習を始めよう

ふだんから慣れていないと、すぐに自分の意見を文章にするのは難しい。論理的な文章となれば、なおさらだ。付け焼き刃では歯が立たない。何かテーマを決めて、小論文の練習をしてみよう。

■具体的なテーマ

自分の志望する業界と関連した時事問題からテーマを選ぶ

・最近自分も関心をもったヒット商品や流行について

・国の外交や経済政策について
・地方行政と産業活性化について

■抽象的なテーマ

*とくにマスコミ志望者はチャレンジしたい。

・良心について
・権力について
・家族のきずなについて
・世代について

■書くときのポイント

企業は、よほど偏ってでもいなければ、意見の中身そのものを評価・判断したりはしない。どんな意見でもいいので、自分の意見をもつこと。そして、それを論理的に、つまり他人にわかるように説明できることが大切だ。

■他人に読ませよう

他人にわかることが大切なポイントなので、自分で書いて満足していてはダメ。客観的な評価をぜひあおぎたい。先輩などに自分の書いたものを読んでもらって、意見をきこう。友人と交換し、批評しあってもいいだろう。

文章のうまい・へたでなく、漢字が間違っていたり、文法がおかしな具合だったりすれば、マイナス評価は避けられない。要注意だ。

専門知識を問う試験の対策

CHECK POINT

その業界で働くうえで必要な基礎知識とは？

□**最低限の知識は必要**
特定の職種を志望しているなら、それに関わる知識は必要。

□**職種によっては重視される**
とくに技術系では、職種と結びついた専門知識が求められる。

□**大学での専攻も大切**
大学での自分の専攻と、志望職種とが合致しているかも見られる。

□**志望への意欲を見せよう**
専門知識の深さによって、志望の意欲も訴えることができる。

高度な専門知識が問われる場合もある

職種別採用をしている企業の中でも、とくに技術系の職種となると、大学で学んだ専門知識が実際に役立つかどうかが重要なポイントになる。

中途採用の場合のように、いきなり即戦力としての専門知識は求められないにしても、大学で何を勉強してきたか、どのように取り組んできたかは、それなりに試される。成績証明書もそれなりに評価対象になり、筆記試験でも専門知識が問われることになるので、それなりの覚悟で臨まなければならないだろう。

業界研究を深めれば知識は身につく

とくに職種別採用でない場合にも、その業界で働くうえで知っておきたい基礎知識、現在もっとも注目されている技術や商品、業界のさまざまな動向などに関して出題されることはよくあるので、注意しよう。

といっても、特別な勉強をしなければならないわけではない。業界研究をしている段階で出くわした専門用語などは、わからないままにせず、きちんと意味を調べて理解しておくことが大切だ。業界研究を深めれば、知識は自然と身につくだろう。

まず最低限の知識を身につけよう

志望先の業界で常識とされていること

どの業界への就職を考えているにしろ、その業界で働くうえで常識とされていること、必要な最低限の基礎知識というものがある。業界研究を進めていく中で、知っておいて当然といったことも多い。

■志望先の例A

たとえば金融業界への就職を志望しているなら、「金融」という言葉の意味くらいは知っておきたい。

■金融業界に関する最低限の知識

1.「金融」とは?
お金の貸借、つまり、余っているところから不足しているところへ、お金を「融通する」こと

2.「金融機関」とは?
お金を預けたい人や企業からお金を集め、必要な人や企業に貸し出している機関。銀行、証券会社、保険会社など

3.「金融庁」とは?
中央省庁の一つ。金融制度の企画立案のほか、金融機関の検査・監督を担当する行政機関

■志望先の例B

たとえば流通業界への就職を志望しているなら、「流通」という言葉の意味くらいは知っておきたい。

■流通業界に関する最低限の知識

1.「流通」とは?
生産から消費に至る商品の流れと、それにともなう商取引の流れ

2.「小売業」とは?
生産者、卸売業者から仕入れた商品を消費者に販売する業種。総合スーパー、百貨店、専門店などのこと

3.「卸売業者」とは?
生産者から商品を集め、市場において「仲卸業者」や「小売業者」などに販売する業種。いわゆる「問屋」のこと

どの程度の専門知識が必要かは、企業によって異なる。OB・OG訪問で、専門分野に関する出題傾向を尋ねておくといいだろう。

勉強方法がわからないときは？

CHECK POINT

自分は何が苦手か冷静に考えてみよう

□**猛勉強を始めない**
筆記試験の準備に時間と労力を奪われすぎないようにする。

□**ＳＰＩ３に自信をもつ**
設問の多さには威圧感があるが、平常心で取り組めば大丈夫。

□**不安になりすぎない**
一般常識などの試験の結果だけで落とされることはまずない。

□**自分の苦手を把握する**
時間が限られているので、苦手なものから順番に克服しよう。

筆記試験の準備は就職活動の中心ではない

勉強不足のため、一般常識も時事問題も全部苦手だと思ったからといって、いきなり猛勉強を始めてもしかたがない。

就職活動の時間は限られているし、筆記試験の勉強ばかりしているよりも、自己分析や業界（企業）研究、ＯＢ・ＯＧ訪問に、時間と労力を費やしたほうがよほど効率的というものだ。

一般常識の問題集や時事用語集などは、毎日、電車の中で読んでいても、充分身につくだろう。いずれにせよ、自分がずいぶん賢くなったと思った頃には採用の時期は終わっていた、というのでは何にもならない。不安になりすぎないことだ。

苦手なところから順番に克服していこう

とはいえ、もしも一次試験の筆記でもう落ちてしまい、面接にも至らないというのでは、あまりに悔やまれる。選抜に使われるＳＰＩ３だけは、市販の問題集などで慣れておくといいだろう。

次に、筆記試験に必要とされる知識や素養の中で、何が一番自分に欠けているかを、冷静に考えてみよう。時間は限られている。苦手なところから順番に克服していこう。

筆記試験対策の優先順位とは？

苦手な分野を中心に勉強しよう

企業にとって優秀な人材とは必ずしも勉強ができる人ではない。それに大学に入学できる程度の基礎学力はすでにあるはずだ。大学受験のときのように、それほど深刻にならなくていいだろう。

■適性検査が苦手な場合

苦手意識をもっていても、とくにSPI3などは、遭遇する機会がおそらくあるはずだ。短時間に多くの設問を解くためには、文章をすばやく読んで、出題の意図を正確に理解する必要がある。慣れが大切なので、市販の問題集にあたっておこう。

■一般常識が苦手な場合

とにかく1冊、市販の問題集に全部目を通そう。つまずいてもどんどん先に進んで、全部やった後に苦手な科目について復習する程度でいい。半日もあれば1冊できるはずだ。クイズを解く感覚で楽しみながら取り組みたい。

■時事問題が苦手な場合

時事問題が苦手だと、一問一答式の試験だけでなく、小論文などにも影響するので比重をおいて取り組みたい。まず毎日の新聞に目を通すこと。そして、時事用語集や「新聞ダイジェスト」などを読んで、世の中の流れをつかもう。

■小論文が苦手な場合

とくにマスコミを志望している人は、小論文対策を充分にしておこう。論理的な文章力は一朝一夕には身につかないので、過去の出題テーマを参考にして、書く練習を何度も重ねていこう。

いくら猛勉強しても、試験会場であがってしまい、もっている力を半分も出せないのでは何にもならない。勉強以上に平常心が大切だ。

COLUMN

GAB・CAB、その他の適性検査

企業が採用にあたって、何より重要視するのは適性だ。そのため、就職試験では、SPI3以外にも、さまざまな種類の適性検査が使われている。

GAB（ギャブ）・CAB（キャブ）は、日本SHL社が提供している。

GABは商社・銀行・証券などの業界で多く使われる。「言語理解」「計数理解」に関する設問があり、長文読解と表を読みとる能力が試される。また、それに加えて性格検査が行われる。

CABは情報通信、電子・コンピュータなどの業界で多く使われている。職種としてSEやプログラマーとしての適性が測られる。「暗算」「法則性」「命令表」「暗号」に関する設問があり、法則性や暗号の解読能力などが試される。また、それに加えて性格検査も行われる。GABとCABにはWeb版もある。

受検した学生にきいてみると、SPI3より難問だという感想が多かった。市販の問題集もたくさん出ているので、あらかじめ練習しておいたほうがいいだろう。

日本SHL社提供の適性検査では、その他に、英語の能力検査を含むGFT（ジーエフティー）、IMAGES（イメジス）などがある。

クレペリン検査も適性検査として、多くの企業で使われている。ドイツの精神医学者エミール・クレペリンの作業曲線に関する研究をもとに開発されたこの検査は、一桁の足し算を、一定時間内にどれだけの作業量と精度で行うことができるかによって、性格や職務適性を判断するもの。日本では「内田クレペリン検査」がもっとも有名だ。

Webテストで適性検査を実施する企業も多い。SPI3のWebテスティングをはじめ、日本SHL社の玉手箱シリーズなどが代表的。また、SPI3やGAB・CABには、専用の会場に出向いて備えつけのパソコンで受検するテストセンター方式もある。

第7章

面接突破のテクニック

知っておきたい面接の形式

CHECK POINT

代表的な形式を知っておくと安心だ

- □**就職活動の正念場**
  面接を突破しないと内定は得られない。心してかかろう。
- □**短時間での勝負**
  限られた時間内に自分をアピールするには、それなりの準備も大切。
- □**面接の形式はさまざま**
  固定観念をもっていると、逆に戸惑うことになるので要注意だ。
- □**ひとつの企業で複数の形式**
  一次、二次と面接が進むごとに形式が変わる場合も多い。

面接の代表的な形式を知っておこう

面接といっても、形式はさまざま。どんな形式であれ、面接である限り、会場に面接官がいることに違いはないが、対する学生のほうは、1人だったり、複数だったりする。前者が個人面接、後者が集団面接だ。

　また、面接官の質問に答えるだけが面接ではない。学生どうしで討論をし、それを面接官が見ているといった面接もある。これにはグループディスカッションやディベートといった形式がある。

　また、たとえば「自分を商品にたとえて売り込んでください」などといったテーマを与えて、面接官に向かって発表するプレゼンテーション形式の面接も、多くの企業で行われている。

オンラインでの面接も本質は同じ

オンラインによる面接が行われる場合もある。

　しかし、対面での面接も、オンラインでの面接も、重要な要素は同じだ。オンライン用の対策などする必要はない。面接で見られるポイントを見据えて、本質的な対策を心がけよう。

　ひとまず左のページで、面接の代表的な形式の特徴と注意点をチェックしておこう。

面接の代表的な形式

どんな形式でも見られるところは同じ

企業はコミュニケーション能力のある人材を求めている。面接も人と人とのコミュニケーションだ。どんな形式であれ、自分の意見を他人（面接官など）にいかにうまく伝えられるかがポイントだ。

	特　徴	注意点
個人面接	学生1人に数人の面接官が対応する。エントリーシートなどに基づいて、詳細をきかれるが、初期段階に個人面接がある場合は1人に当てられた時間は15分程度と短いものであることのほうが多い。	限られた時間内に、いかに簡潔に自己PRができるかがポイントとなる。志望動機など、基本的な質問内容には、あらかじめ回答を用意しておきたい。
集団面接	学生3～5人に面接官が数名対応するケースが多い。一次面接など、初期段階に行われることが多い。	ここではやはりどれだけ好印象を残せるかが勝負だ。奇をてらうと墓穴を掘る可能性もあるので慎重に臨みたい。同じ内容でも人とは違った自分なりの表現で、はっきりと話すこと。ほかの人が質問されているときも関心をもって耳を傾けることが重要だ。
グループディスカッション	テーマや場面を設定されて数人の学生に議論させる方式。意見の内容や話し方だけではなく、司会を務めるのか、議論の主導権を握るのかなど、グループでどんな役割を引き受けるかということも見られている。	無理をしてリーダー的役割を争う必要はない。ふだんのゼミなどを思い起こし、自分の意見が発言しやすいポジションをねらおう。
ディベート	設定されたテーマに対し、黒か白かのように立場を決めさせ、いかに自分の主張が正しいかを討議させる方式。	自分の主張を論理的に述べ、相手に納得させなければならない。見識の広さや相手の主張の矛盾をつく洞察力が問われる。反論されても落ち着いて受け答えできる冷静さも必要だ。
プレゼンテーション面接	学生1人に数人の面接官が対応する。面接官に向かって、与えられたテーマに基づき企画を提示したり、新商品の売り込みをしたりする。	論理的に説明することが大切。そしてディベートと同じように、自分の意見を他人にどう伝え、受け入れてもらうかがポイントになる。

内定までに面接は何度行われる？

CHECK POINT

三次面接まで行われることが多い

□一次で決まることはない
内定が出されるまでには、何回かの面接を経なければならない。

□一次の段階は選抜だ
多くの学生が受けることが可能だが、落とされる人数も多い。

□面接官も変わる
最初は人事部の若手社員、最終は役員面接となることが多い。

□最終は三次か四次になる
最終面接までに、いくつもの関門があることを覚悟しよう。

面接には何段階もの関門がある

面接は複数回行われる。企業によって異なるが、一次面接で内定を出すといったところは皆無に等しく、三次あたりまで、あるいは四次まで行うところもめずらしくない。

面接が一次、二次、三次と上の段階に進むごとに人数が絞り込まれていくわけだが、各段階には、一般的な傾向として、それぞれの特徴がある。面接の形式も変わるし、また、面接官の視点も変わってくる。

しかし、だからといって、それぞれの面接で、自分の意見や発言内容を変えても意味はない。一次面接の結果は二次の面接官へ当然伝わっているのだから、話している内容が変わってしまっては、おかしなことになる。いくら模範的な返答ができても、プラスの評価はもらえないだろう。

どの段階の面接でも心がまえは変わらない

大切なのは、面接がどのような形式になろうと、あるいは面接官の視点がどのように変わろうと、こちらは気負うことなく、常に誠実な態度で臨むことだ。自分を偽らないこと。一次から最終面接まで、そうした心がまえを貫き通したい。

面接は段階をふんで進む

それぞれの段階の特徴を知ろう

面接は上の段階に進むにつれて、その形式も、面接官も変わるし、またそれとともに、面接官の視点も変わる。それぞれの段階の面接にどのような特徴があるのか、一般的な傾向を知っておこう。

	形　式	面接官	面接官の視点
一次面接	集団面接やグループディスカッション、ディベートなどが行われることが多い。	人事部の比較的若手の社員、あるいは主任・係長クラスが面接官となることが多い。	第一印象や基本的なマナーも重視される。コミュニケーション能力など、会社が求める人材像に適合しているかどうかを見て、不適合な人をふるいにかける選抜の意味合いが強い。
二次面接	個人面接、プレゼンテーション面接などが行われることが多い。	人事部の係長・課長クラスや、各部署の課長クラスが集まり、面接官となることが多い。	しっかりとした自分の意見をもっているか、それを論理的に説明できるかが見られる。思考力とともに、雰囲気や態度から意欲や積極性も測られている。
三次面接（最終面接）	個人面接などが行われることが多い。	人事部の部長や役員が面接官となることが多い。	将来性が見られる。つまり、入社したあとに、どのような成功の可能性があるか、あるいは会社にとってのどのようなメリットがあるかを、配属なども考慮したうえで点検される。

企業にとって、いっぺんに多くの人数をふるいにかけられる集団面接は、時間もかからず効率的。一次面接で行われることが多い。

面接における基本的なマナー

CHECK POINT

入口から出口まで気を抜いてはダメ

□**どこでも気を抜けない**
会社の入口、控え室、採用担当者の目はどこにあるかわからない。

□**子どもっぽさは通用しない**
子どもっぽい態度が好感をもって迎えられるとは思わないこと。

□**マナーを守り、さわやかに**
面接官だけでなく、受付や出くわす社員の全員に気を配ろう。

□**面接終了後が落とし穴**
気がゆるみがち。学生どうしでおしゃべりなどしないように。

一挙手一投足を注目されている

先に、会社訪問のところで、社会人として身につけたい最低限のマナーについて解説しておいた。面接の場合も基本は変わらない。挨拶のしかた、応接室や会議室への入り方、着席のしかたなどを復習しておこう（→１４０ページ）。

面接で会社を訪れるときは、会社の入口の５００メートル手前あたりから、すでに選考が始まっている、というくらい気合いを入れてほしい。

会社説明会やＯＢ・ＯＧ訪問と違って、面接の場合は、すでに選ばれてその場に臨んでいるのだという自覚を忘れずに。企業の側も学生の一人ひとりに目を光らせているのは当然のことだ。

大人のつきあいが面接から始まっている

これまで気心の知れた同世代の友人としか交際してこず、年齢のはなれた年上の人とのつきあいがなかった場合は注意しよう。親しみやすさとなれなれしさをはき違え、以心伝心を他人に求めるのではあまりに幼稚すぎる。

とくに最終面接ともなれば、自分の両親よりも年上の役員と向き合うことになる。それまでに、大人としての対応をマスターしておく必要があるだろう。

気をつけたい面接のタブー

最低限のマナーは身につけておきたい

まさかこんなタブーは犯さないだろう、と思っていても、いつのまにか犯してしまうのがタブーというもの。それでも、犯してしまえば取り返しがつかない。他人事だと思わず、とにかく気をつけよう。

■遅刻する
よほどの不慮の事故でない限り、その段階ではねられる。万一、交通機関の事故などに巻き込まれた場合は、開始時刻の10分前までに電話連絡をしよう。

■挨拶をしない
会場に入室する際の「失礼します」、面接が始まる前の「よろしくお願いします」、終了後の「ありがとうございました」は最低限の挨拶だ。

■ウソをつく
何回か面接するうちに、どこかでウソはばれるもの。志望動機などでのウソは、面接官に少し突かれれば、すぐにボロが出るだろう。

■ダラダラ話す
時間は限られている。熱がこもって話が長くなることもあるかもしれないが、要領よく話をまとめることができないと判断される。

■マニュアル通りに話す
企業の採用担当者たちは、口をそろえて「マニュアル通りの回答はすぐにわかるし、受け入れられない」と述べている。

■控え室でおしゃべりする
たとえ小さな声でもこそこそ話しているのは印象が非常によくない。

■スマートフォンの電源を切らない
ほかの企業から連絡が入る予定だとしても、面接の本番とどちらが大切なのかよく考えよう。

■相手の目を見て話さない
たとえあがり性のせいだとしても、コミュニケーション能力に欠けると判断される。

マ
ニ
ュ
ア
ル
面接官の話を
最後までよく聞こう!

面接官の話がまだ終わっていないのに、途中でそれをさえぎって話してしまう人がいる。かなり印象が悪くなるので、気をつけよう。

面接の流れと入退室のマナー

面接では態度やマナーも見られる

ポイントは、「失礼します」「よろしくお願いします」「ありがとうございました」などと言いながら、同時に頭を下げないこと。きちんと言葉を話し終えてから、おじぎをしよう。

入室から着席まで

1.ドアをノックする

軽く3〜4回ドアをノックする。「どうぞ」という声が聞こえたら、「失礼します」と言ってドアを開ける。

2.ドアを背におじぎ

部屋の中に入ったら、静かにドアを閉める。面接官のほうを向いて、約30度の角度でおじぎする。

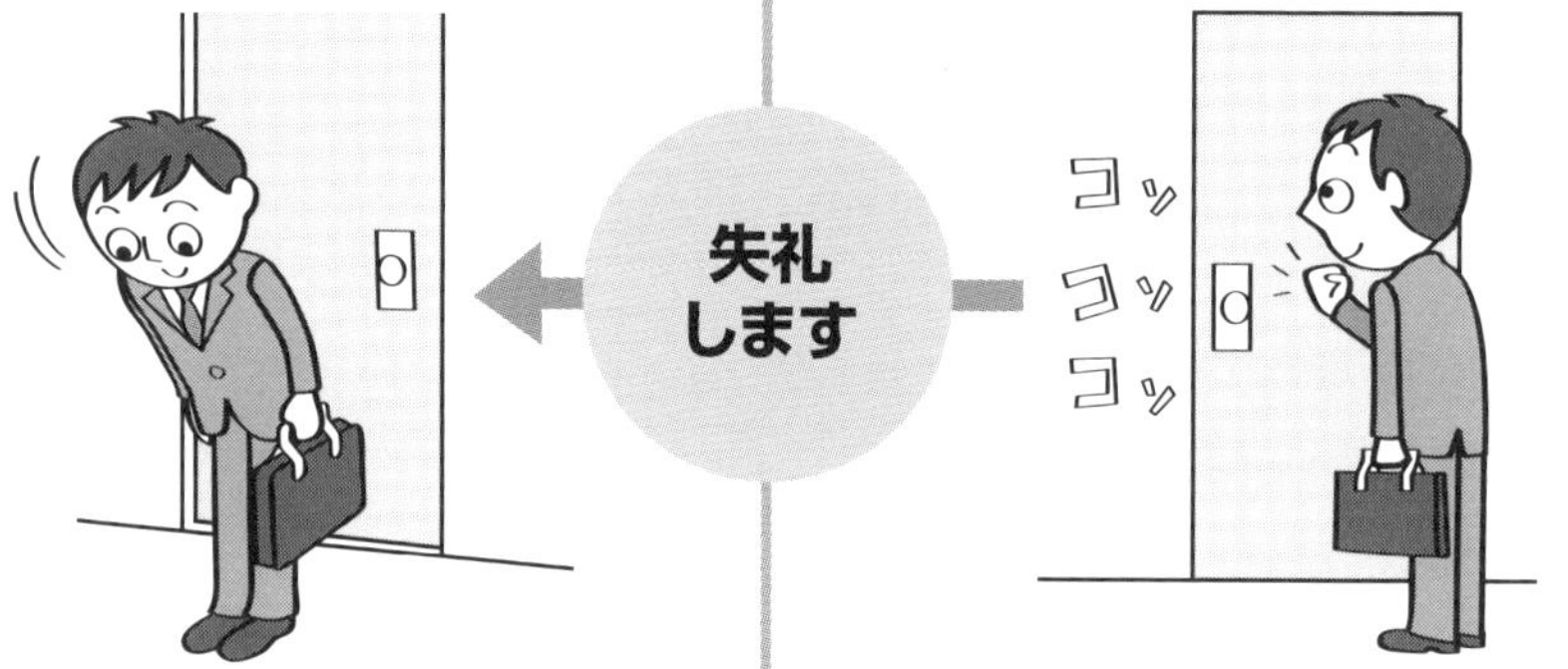

3.イスの横に立つ

イスの横まで歩いて行く。姿勢を正し、大学名と氏名を名乗り、「よろしくお願いします」と言う。

4.深くおじぎ

約45度で深くおじぎ。「どうぞ」と言われてから、イスに座る。

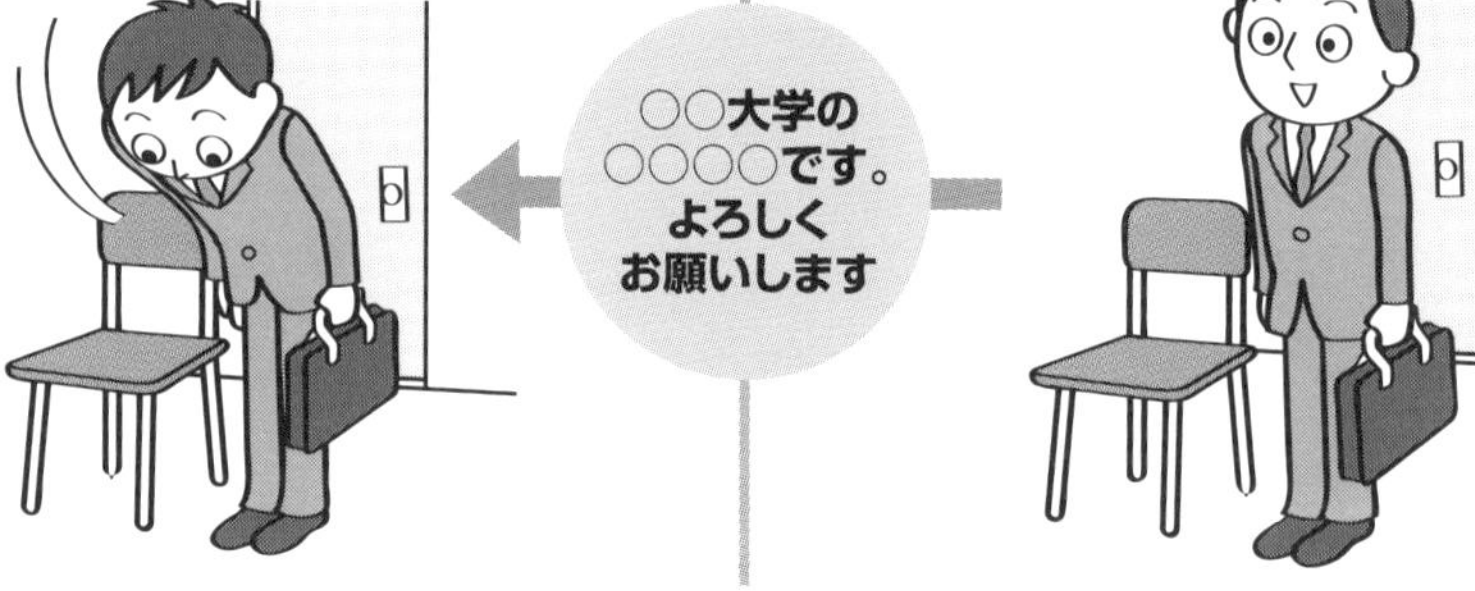

面接における基本的なマナー

面接の間の姿勢

背筋を伸ばす。あごをやや引いて、面接官の目をまっすぐ見ながら話そう。

＊カバンを持っている場合は、イスの脚に立てかけるか、その横（床上）に置く。

面接終了から退室まで

1.イスから立つ

「これで終わります」と言われたら、イスから立つ。「ありがとうございました」とお礼を述べる。

2.深くおじぎ

約45度で深くおじぎをする。

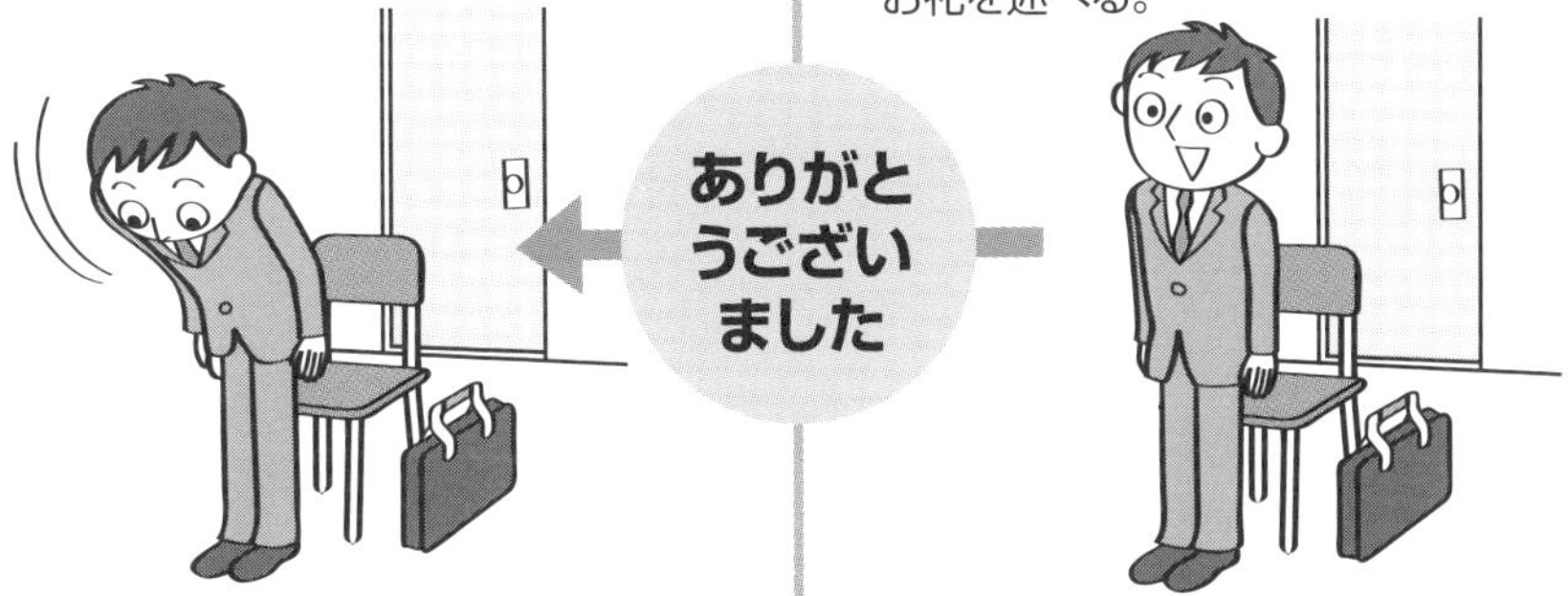

3.ドアの前まで歩く

ドアの前で面接官のほうに向き直り、「失礼します」と言う。

4.ドアを背におじぎ

約30度の角度でおじぎする。

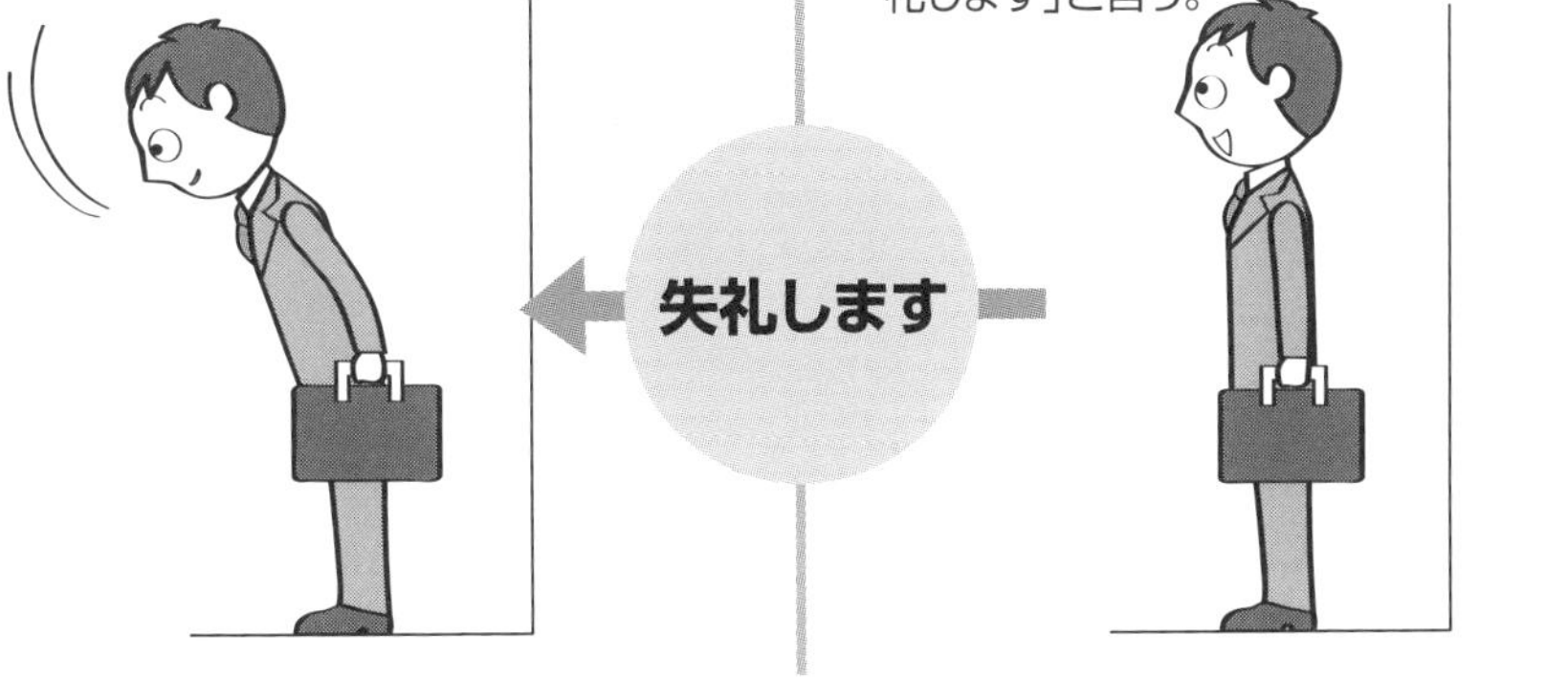

5.ドアを開けて退室

面接官はどこを見ているのか

CHECK POINT

海千山千の面接官にヘタな手は通用しない

- □**基本的なマナーをチェック**
  挨拶のしかた、正しい敬語などは身についているか。
- □**自分でものを考える**
  マニュアル通りの模範回答でなく、自分の言葉で話しているか。
- □**他人の話を聞く**
  他人とのコミュニケーションがきちんととれるか。
- □**「いい若者」と思わせる**
  面接官に、明るくさわやかな印象を残そう。

話し方や挙動もしっかりチェックされる

面接官は、学生が何を考え、どう行動し、どれだけ成長できる人材なのかを知ろうとしている。

しかし、設問に対して、平均的な模範回答しか返ってこないこともめずらしくなく、そうした場合には、回答の内容よりも、その話し方や挙動のほうに目が向くことになる。

他人にわかるように自分の意見を筋道を立てて、論理的に話しているか、また逆に、きちんと他人の話を聞く態度ができているか、といったことが見られる。つまり、コミュニケーション能力がチェックされるわけだ。

そして、多少緊張してしまうのはしかたがないが、明るくさわやかな印象を残すことも大切だ。

立派な自分を装ってもしかたない

あまり無理をして、立派な自分を装う必要はない。面接時の態度を偽って受かったとしても、入社後にずっと自分を偽れるわけはない。会社の雰囲気を見て、どうもありのままではやっていけないと思うなら、むしろ、志望先を変えたほうがいい。

会社に自分を合わせるのではなく、自分に合った企業を探すことが大切だ。

知っておきたい面接官の視点

付け焼き刃はすぐに見抜かれる

面接官は、人材採用のプロだ。毎年、うんざりするほど学生を見てきている。態度にしろ、話の内容にしろ、付け焼き刃はすぐに見抜かれてしまう。ありのままの自分を見てもらうつもりでいい。

●外見	服装、姿勢、応答の態度、話し方、表情、マナーは、いずれもその人の内面を表すもの。これらをないがしろにしては、社会人としては通用しない。協調性も多くは外見から判断される。明るくさわやかな、感じのいい人が好まれるのは当然だ。
●回答の内容	とくにエントリーシートとのギャップはないかがチェックされる。自己PRとして書かれていたことにウソはないか、どの程度、信頼できる人物かを見られる。
●入社への意欲	入社への意欲は、外見と回答の内容の両面から見られる。ただがむしゃらにやりますといった態度ではなく、その企業における業務や職務にフィットした意欲を表明できているかどうかがカギになる。つまり、充分な企業研究が前提となるわけだ。
●コミュニケーション能力	人の話をよく聞いたうえで、自分の意見を話しているか、その話は論理的で説得力はあるか。これは、社会人としての基本の能力だ。会話を通じて、他人と誠実な関係を築いていけるかどうかを見られる。
●資格、特技などの専門性	専門性はこれがなければダメという場合は、求人の要項に書いてある。面接では、それが実際の仕事で役立つ程度のものかどうかが確認される。外国語が日常的に必要な場合は、面接でも外国語でやりとりして確かめられる。

同じ会社の仲間としていっしょに仕事をしていくなら、楽しい人のほうがいい。適度のユーモアがあれば、面接官の好感度も高い。

個人面接のポイント

CHECK POINT

まず深呼吸をして面接会場へ入ろう

□**充分な自己分析が必要**

自己分析が充分にできていないと、回答も中身の薄いものになる。

□**限られた時間を有効に**

簡潔で、しかも面接官の印象に残るような自己PRをしよう。

□**緊張しすぎないようにする**

緊張しすぎては、実力が出せない。深呼吸をしてから入室しよう。

□**面接の基本は会話**

一方的なおしゃべりではない。質問と回答をやりとりしよう。

面接官を納得させる自己PRをしよう

面接と聞いて、だれもがまっ先にイメージするのが、学生1人に数人の面接官が対応する、この個人面接だろう。

個人面接では、自己PRのほか、志望動機、学生時代に力を入れたこと、また、その会社に入って何をしたいかといった質問が出され、限られた時間内での返答を求められる。

どのような質問に答えるのであれ、すべては自己分析が基礎になる。自己分析と業界（企業）研究を結びつけ、面接官を納得させるだけの自己PRをしよう。

会話を楽しむ姿勢を大切にしよう

複数の面接官から見つめられていると、それだけで気持ちが萎縮してしまいそうだ。しかし、面接官はアラばかりを探しているのではなく、どこか長所はないか、いいところはないか、と思いながら観察しているわけで、だからこちらも、あまり不安になる必要はない。逆に、緊張しすぎては、もっている実力も出せなくなってしまうだろう。

最終面接では、重役クラスとの1対1の面接になることもある。そうした場合にはなおさら、会話を楽しむ姿勢を大切にしよう。

個人面接でとくに注意したいこと

最初と最後の質問には気をつけたい

よくあるパターンとして、面接の最初には、自己紹介を求められる。そして、終わりまぎわになると「最後に何か質問はありますか?」ときかれることが多い。ここで失敗しないことが大切だ。

■個人面接の席の配置

■面接官から「自己紹介してください」と言われたときの対応

自己PRなど、よけいなことは話さない

求められているのは自己紹介だ。学校名、学部、学科、専攻、学年、氏名などを伝えること。せいぜい現在力を入れていること、たとえば、英会話や資格取得のための勉強などがあれば、簡潔に添える程度にする。そこで長々と自己PRを始めないことが肝心だ。必要なことを述べたら、「本日はよろしくお願いします」というふうに締めくくろう。

■面接官に「最後に何か質問はありますか?」ときかれたときの対応

「とくにありません」とは答えない

せっかく発言を促されているにもかかわらず、「とくにありません」としか答えられないのでは、その会社にあまり関心がないみたいだ。ここは、企業研究の成果を活かすチャンス。たとえば、「御社の商品の○○はオンラインショップでの販売に最適であり、飛躍的に売上を伸ばすことができると考えますが、そうした方面への事業展開に関して、ご見解をお聞かせ願えませんでしょうか?」などといった要領だ。

面接の終わりまぎわに、いくら「なんなりとどうぞ」と発言を促されても、労働条件や待遇などに対する質問は、極力避けたい。

集団面接のポイント

CHECK POINT

1人に与えられた回答時間はとても短い

□**相対評価を気にしすぎない**
優越感も劣等感も必要ない。自分らしさで勝負すればいい。

□**簡潔に意見をまとめる**
よけいなことは話さないよう、考えをよく整理してから回答する。

□**個性的な回答をしたい**
自己分析を充分に行っておけば、オリジナリティはおのずと出る。

□**協調性も観察されている**
自分の発言も大切だが、ほかの人の話を聞く態度はもっと大切。

大人数から絞り込むには効率的な形式

集団面接は、学生3～5人に面接官が数名対応するケースが多い。

初期の段階で行う企業が多いが、集団面接は、大人数から絞り込むには効率的だ。また、複数で比較したほうが面接官も判断がしやすい。個人面接では見ることができない他人への気配りの度合いなどもうかがえる。

といっても、オリンピックの予選ではないので、各集団の上位数名が次に進めるというわけではない。魅力的な学生が集まったグループなら全員が残るケースもあるし、もちろんその逆もある。

わずかなチャンスを最大限に活かそう

集団面接では、限られた時間内で、できるだけ全員にまんべんなく質問をし、回答を得なければならないため、1人に対してたたみかけるように質問が集中することはない。個人面接のように面接官との会話は成り立たない。わずかな質疑応答のやりとりのあとはすぐに、次の人に移ることになる。

自分だけ長々と話しているわけにはいかない。ほんの何十秒かの時間に、必要充分な回答を述べなければならない。与えられたチャンスはわずかだ。最大限に活かすようにしたい。

集団面接でとくに注意したいこと

他人の話を聞く態度もチェックされる

集団面接では、自分の発言の時間よりも、ほかの人の話を聞いている時間のほうが長くなる。自分だけダラダラと長く話すわけにはいかない。面接官からは他人の話を聞く態度もチェックされている。

■集団面接の席の配置

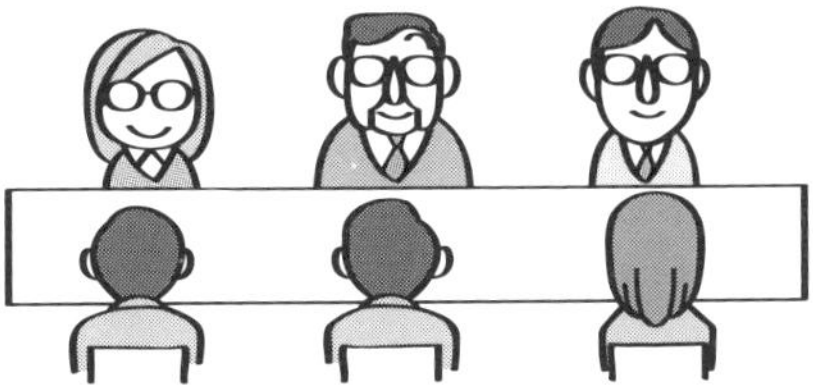

■ほかの人に先に同じ意見を言われたときの対応

自分の意見を変える必要はない

できればほかの人と同じ意見は言いたくない。しかし、たとえ先に同じ意見を言われたとしても、あわてて自分の意見を無理矢理変えるようなことはしないように。その場でどう繕おうと、ろくな回答はできない。それに、具体的な体験やエピソードを交えながら回答すれば、充分オリジナリティは出せるはずだ。

■ほかの人が話しているときの態度

ほかの人の話を礼儀正しく聞く態度が大切

面接官からの質問を予想して、自分の考えをまとめることだけに集中していると、ほかの人の意見を聞きもらすことになるので気をつけよう。また逆に、緊張がゆるんで、つい髪をかきあげたり、爪をかんだりするなど、いつもの悪い癖を出さないようにしたい。しかし、いくらほかの人の話を聞いていても、そこでその人が言葉につまったりしたのを、たとえ薄笑いでも、馬鹿にするような態度は禁物だ。

だれより目立ちたいという気持ちはよくわかる。しかし、ほかの人の話している最中に勝手に発言したりしては、マイナス評価だ。

面接のための自己分析のポイント

CHECK POINT

面接の前に再度自己分析を徹底しよう

- □**志望動機に説得力はあるか**
なぜその企業を選んだのか、具体的に答えられなければダメ。
- □**会社選びは適切か**
徹底した自己分析と企業研究のうえでの会社選びが大切。
- □**面接では適性が探られる**
意欲があっても、適性がなければ、はねられるのは当然。
- □**自己分析を徹底しよう**
面接にそなえて、再度自己分析を徹底しよう。

面接官が最終的に知りたい2点

面接における質問では、まず入社への意欲が測られる。業務内容をどれほど深く理解したうえで、応募してきているのかを、面接官は志望動機などから判断しようとしている。

しかし、たとえどれほど意欲があっても、適性がなければ、入社してから業績を上げることはできないだろう。したがって、面接官は、入社への意欲を測るとともに、その人の適性を探ろうとする。口頭での回答によって、エントリーシートの内容を確認しながら、面接官が最終的に知りたいのはこの2点といえる。

向いていない仕事を適職と考えていないか？

そこで、こちらも面接の前に、再度自己分析を徹底したい。

自己分析の結果と企業研究とを照らし合わせて、その会社は本当に自分の適性に合っているかを確かめよう。入社したいという気持ちが先にあって、それに迎合するかたちで自己分析を歪めてしまっている可能性だってないわけじゃないだろう。自分に向いてもいない仕事を適職というふうに思い込んでみても、それが錯誤であることは、面接官の目から見れば一目瞭然である。

自己分析をもとに回答しよう

自己分析と志望動機を結びつける

自分のセールスポイントとしての性格上の強み（価値観）、あるいは能力が、入社してからの仕事と結びついた場合に、その会社と自分自身とに、どのようなメリットをもたらすかを示さなければならない。

レジャー産業を志望した場合の回答例

■志望動機の説明

〈仕事選び、会社選び〉

「私は、レジャー産業で新しいサービスの企画をしたいと思っています」

〈企業研究〉

「御社は近年、温泉施設の開業やレジャー施設をバリアフリーとするなどの斬新な企画力で、高齢者市場を開拓され、大きな業績を上げておられます」

〈まとめ〉

「これまでのレジャーは、ゴルフや競馬など男性志向が中心でしたが、これからはさらに高齢者市場や女性市場に加え、ジュニア市場の開拓に大きな可能性があると考えます。私は子どもの心をつかむのには自信がありますので、新しいサービスの企画で貢献できるものと信じています」

■自己PR（自己分析の結果）

〈学生時代に力を入れたこと〉

「自閉症の障害をもつ子どもの託児ボランティアを3年間続けてきました。その中で、キャンプやクリスマス会などのイベントを企画し、子どもたちやそのご家族に喜んでいただけたことが何より幸せでした」

〈得意なこと〉

「人を楽しませることが得意だと思います。また、そのためにアイデアを考え、自分で計画をたてることが好きです」

〈長所〉

「まず目の前の現実に対して発想が豊かであり、機転が利くほうだと思います。実行力もあり、かなり忍耐強いほうだと思いますが、やや情にもろいところがあります」

夢や理想を話して終わるのでなく、自己PRも、志望動機も、現実味のある具体的な内容と結びつけなければ、説得力はない。

入社への意欲を測る質問への対応

CHECK POINT

その会社に入る意志がほんものかを探られる

□意欲は薄っぺらではないか
ラクそうだからといった消極的な気持ちでは、落とされて当然。

□会社にとって必要な人材か
面接官は、会社にとって必要のない人間をはねるのが仕事。

□質問のかたちはさまざま
どのような質問も、企業研究ができていれば恐れることはない。

□具体的な志望動機を述べる
企業研究の成果が裏づけとしてあることをわかってもらおう。

どんな気持ちで会社選びをしたかが問題

本当は一生働きたくなどない。しかたなく就職活動をしているだけで、できるだけラクな仕事につきたい。そんなふうに思っている学生はけっこう多いものだ。

しかし、そんな気持ちで会社選びをして、面接まであがってきたとしても、入社への意欲を測れば、どうしても消極性がかいま見えるものだ。

あるいは、知名度、規模や安定性などだけが魅力で、会社選びをしている場合も、どこかの段階でボロは出てしまうだろう。

会社にとって必要のない人間をはねるのも、面接官の大切な仕事だ。入社への意欲が測られ、それがほんものでなかったら、その段階で落とされて当然だ。

面接官に熱意を伝える努力をしよう

しかし逆に、入社への意欲、仕事に対するやる気が充分にあったとしても、それが面接官にうまく伝わらないのではなんにもならない。面接官は、さまざまな質問のかたちで、入社への意欲を測ろうとするだろう。こちらも、入社への意欲の裏づけとして、企業研究の成果があることをわかってもらえるように、できるだけ具体的な志望動機を述べたい。

入社への意欲を測る質問例

面接官はこんな質問をしてくる

企業研究の成果そのものを披露することが目的ではない。志望動機の裏づけとなっていなければならない。企業研究によって、どれほど入社への意欲が高まったかを、面接官にわかってもらうことが大切だ。

●「当社を志望したきっかけは何ですか?」

➡きっかけをきいているので、まず最初に注目した魅力のポイントを正直に話そう。

●「当社でやりたいことは?」

➡自分のやりたいことが、その会社で実現できると思った具体的な根拠も述べたい。

●「当社で活かせるあなたの強みとは?」

➡その会社での業務と自分の強みが無理なく結びつけられる接点を見つけよう。

●「当社のイメージを一言で表してみてください」

➡面接官が予想もしないような奇抜な回答でかまわないが、だれもが納得できる現実的な理由を添えなければならない。

●「同業他社ではなくて、なぜ当社を選んだのですか?」

➡かなり深く業界(企業)研究をしていなければ答えられない。他社との違いが強調される面に、自分の会社選びの根拠があることを訴える。自分のやりたいことが、その会社でなら、他社でよりも実現しやすいということを説明しよう。

●「ほかには、どのような会社を受けていますか?」

➡同じ業種の中でも、第一志望がその会社であることを訴えよう。その会社より規模の大きな会社を受けているなら、その理由もしっかり述べたほうがいい。異業種の企業を受けているなら、職種に関する共通点があることなどを述べ、自分の就職活動の一貫性を証さなければならない。

会社訪問は重要だ。OB・OG訪問の体験を裏づけとすれば、かなり説得力のある志望動機を述べることができるだろう。

適性を探る質問への対応

CHECK POINT

その会社で働くための適性の有無を見られる

- □**意欲だけでは働けない**
  適性があり、能力が発揮できることが大前提になる。
- □**企業側のメリットが問題**
  適性のない人を入社させても、企業には何のメリットもない。
- □**事前の自己分析が大切**
  口先だけの自己PRは、面接の場ですぐに見抜かれる。
- □**将来性を訴える**
  自己PRは過去の体験談などが裏づけになっている必要がある。

まず自己分析によって自分の適性を把握しよう

どれほど意欲があり、また、たとえ志望動機が納得できるものだったとしても、適性がなければ、その人を入社させるわけにはいかない。そこで面接官は、適性を探るために、さまざまなかたちで質問してくる。

こちらはうまく回答して、自分の適性をわかってもらわなければならない。そのためには、徹底した自己分析が必要になる。その結果をもとにしなければ、自己PRは口先だけのものになってしまうだろう。自分の長所や得意なことを、自己分析によってもう一度確認してみよう。

回答するときは根拠づけに気を配ろう

面接官が知りたいのは、入社後にどのように成長していくかという、その学生の将来における可能性だ。将来を占うためには、過去の情報が不可欠になる。

いくら自分の長所や得意なことを訴えても、過去の実績を示すことができなければ、説得力はない。それらが将来の可能性に結びつくことはないだろう。自己PRには過去の体験に関する具体的なエピソードを添えたい。

回答するときは、つねに根拠づけに気を配るようにしよう。

適性を探る質問例

こんな質問には要注意だ

「自己PRをしてください」などと促されるばかりではない。面接官は、適性を探るためにさまざまなかたちで質問してくる。自己分析の結果をもとに、将来性を汲みとってもらえる回答をしよう。

●「自分にキャッチフレーズをつけてみてください。」

➡ ただ長いだけでポイントのあやふやな話を聞かされるより、面接官にとっては、判断しやすい。なぜその言葉を選んだのか、きちんと理由も述べよう。

●「学生時代に打ち込んだことはなんですか?」

➡ 具体的なエピソードを答える。そこから自分が何を学び、どのように成長したかを説明することが大切。

●「学校の成績はどうですか?」

➡ すべての学科で、いい成績をとっている必要はない。がんばったところだけ強調しよう。

●「今までに挫折を感じたことはありますか?」

➡ 失敗の経験がまったくないというのは、逆に弱みになる。挫折をどう克服したか、それによってどう成長できたかを話そう。

●「アルバイト経験はありますか?」

➡ 具体的なエピソードをまじえながら、どのような社会勉強ができたかを答えたい。

●「10年後はどのような人間になっていたいですか?」

➡ 仕事を通じて、どのように自己実現していくか、自分なりの将来のヴィジョンを答えよう。

エントリーシートや履歴書をはじめ、提出書類の記述内容と、面接での回答が食い違っていては信用を失うことになる。注意しよう。

口頭試問への対応

CHECK POINT

筆記試験よりも難しい面接の場での口頭試問

□**時事問題を復習する**
時事用語の意味を説明できるだけでなく、自分の意見をもちたい。

□**業界研究を深める**
業界に関する知識を試されることも多いので、注意しよう。

□**口頭は筆記よりも難しい**
口頭によって、物事を他人にわかりやすく説明する力があるか。

□**知らない場合はあきらめる**
知ったかぶりで、いい加減なことを話さない。正直でいたい。

自分なりの見解こそを答えたい

口頭試問とは、いわば筆記試験の面接版だ。大学受験などで経験したことのある人も多いかもしれないが、就職試験で遭遇することもある。

出題の内容としては、時事問題や業界に関する知識を試されることが多い。しかし、たとえば、時事用語や専門用語などの言葉の定義だけを答えるよう求められることはない。

面接官は知識よりも、出題のテーマに対して、その学生がどのような見解をもっているのか、ものの考え方を知りたがっている。大筋について客観的な意味を解説したら、自分がどう思うかに比重をおいて話してみよう。

口頭で回答することに慣れておきたい

学生生活を通して、筆記式の試験ばかりに慣らされていると、口頭で回答することの難しさが身にしみるもの。

しかし、社会に出ると、会議や商談、プレゼンテーションなど、口頭で何かを説明しなければならない機会がぐんと増える。社会人としてもっとも重要なコミュニケーション能力を測る一端としても、口頭試問は行われることを心得ておこう。

口頭試問の対策を万全に

練習して慣れておくことが必要

口頭試問での出題のレベルは、筆記試験の時事問題程度だと思えばよい。ただし記述式ではないので、間違っても消しゴムで消すわけにいかない。面接前に、練習して慣れておくことが必要だ。

●時事用語は声に出して覚える

筆記試験ではないので、文字で覚えているだけではダメ。漢字やアルファベットに関しては、正確な読み方が頭に入っていなければ、口頭で回答することはできない。

●業界紙にも目を通そう

経済問題はどこの企業にも関わる。また、行政が、志望先の業界に影響を及ぼすこともある。製造業であれば、環境問題などにも関心を向けよう。業界に関わる時事問題をチェックするには、業界紙が役に立つ。

●ニュース番組を見る習慣をつけよう

テレビやラジオのニュースであれば、音声で時事用語が耳に入ってくるので自然に身につく。また、ニュース番組の原稿は、時事問題を新聞記事よりも簡潔にまとめてあるので、参考になる。

●友人どうしで話す練習をしよう

回答は、自分だけがわかっているのではしかたない。他人にわかりやすく説明できなければならない。そのためには、論理的に話す技術が必要だ。友人につきあってもらって、練習をしておこう。

口頭試問が行われるとは知らされず、ふつうの面接の流れの中で、質問のひとつとして出題されるケースもあるので、覚悟しよう。

圧迫面接って何？

CHECK POINT

いじわるな質問への反応が観察されている

□**質問の意図を考えよう**
いじわるな質問をして、学生の反応を見ようとしている。

□**何より忍耐力が必要**
圧迫面接も生ぬるい。実社会はプレッシャーとストレスだらけ。

□**内定はすぐ目の前にある**
圧迫面接にうまく対応できる人材を、企業側も求めている。

□**対策を万全にしよう**
質問を想定して、気持ちのうえでの覚悟をしておきたい。

いじわるな質問がわざと出される

圧迫面接というのは、面接官がわざと答えにくい質問やムカッとするような質問をして、学生を動揺させ、どのような受け答えをし、態度をとるか、その反応を見ようとする面接のこと。

最終面接の段階まで進んでくれば、こうした手法がとられることもめずらしくない。

仕事をしていくうえで、圧迫面接のようなプレッシャーをかけられる場面は多い。上司から怒鳴られたり、取引先から厳しいクレームをつけられることもあるだろう。そうしたとき、自分の責任を放棄せず、最後まできちんと対処できることが必要なのだ。

そのような忍耐力があるかどうかを試すために、圧迫面接は行われる。

圧迫面接はチャンスに変えられる

逆にいうなら、面接官のいじわるな質問にうまく対応できるような学生こそ、企業側は求めているということだ。圧迫面接を無事に乗り越えることができれば、内定はすぐ目の前にあると考えることもできるだろう。

圧迫面接への対策を万全にして、むしろそれを大きなチャンスに変えよう。

プレッシャーへの忍耐力を見る

圧迫面接を歓迎しよう

だれもがいやがる圧迫面接。しかし、それによって、面接官が何を知ろうとしているかさえわかれば、何も恐れる必要はない。むしろ、自分の忍耐力などを示せる大きなチャンスと考えていい。

●圧迫面接の手法

- ・わざと答えにくい質問をする
- ・あげ足をとるような厳しい突っ込みを行う
- ・学生の考えを頭から否定する
- ・ムカッとするような質問をする
- ・威圧的な態度を見せる

●面接官の視点

- ・プレッシャーにどれだけ耐えられるか
- ・ストレス状況でどのような行動をとるか

●プラス評価の対応

- ・臨機応変に返答できる
- ・鷹揚で、度量が広い
- ・何事にも冷静に対処できる
- ・ものおじしない
- ・自分の感情をコントロールできる

●マイナス評価の対応

- ・不快な顔をする
- ・怒りにまかせて反論する
- ・落ち着きを失う
- ・萎縮して、言葉につまる

どうでもいいなら、面接も早めに切り上げる。わざわざ時間をかけて圧迫面接をするのだから、いい線行っているのかもしれない。

圧迫面接への対応

CHECK POINT

単なる挑発に腹をたててはダメ

□**質問を想定しよう**
自分で突かれそうなところは、あらかじめ自覚しておきたい。

□**面接官の口はふさげない**
想定外の質問も、ほとんど無限にあることを覚悟しておこう。

□**腹をたてない**
どんな言いがかりもあり得る。単なる挑発であることを忘れずに。

□**冷静で落ち着いた対応を**
どのような質問であれ、冷静で落ち着いた対応が基本になる。

あげ足ならいくらでもとれる

圧迫面接では、左ページにあげた例のほかにも、もっと言葉につまってしまいそうな質問が出されることもある。

たとえば、「当社には向いていないように思えますね」「もっとほかにもいい会社はたくさんありますよ」「もし不合格になったらどうしますか？」「あなたのやりたい仕事は他社でもできるでしょう」といったような質問だ。これらは、「お引きとりください」と言われているのと変わらないようにも思えるだろう。

さらに、想定外の質問はほとんど無限にある。どんな回答をしても、それに対してまた、あげ足をとられることもあるので厄介だ。

冷静で落ち着いた対応が正しい回答

とはいっても、こうした質問が面接官の本音であることは、まずない。単なる挑発なのだ。この挑発に乗ってしまい、露骨にムッとした顔をしたり、逆に、萎縮してしまうようではマイナス評価になってしまう。

どのような質問が出されようと、冷静で落ち着いた対応をしなければならない。ほとんどそうした態度だけが正しい回答であるような質問もあるのだ。

圧迫面接での質問例

不快な顔を見せてはならない

圧迫面接には、ムッとした顔をしたり、怒りにまかせて反論したりしてはならない。また逆に、オタオタあわてふためいたり、萎縮して言葉につまっても、マイナスの評価になるので気をつけよう。

●「当社は残業も多くてきついですよよ」

➡たとえ残業が多いのが事実であっても、ひるんではならない。残業をするくらいの覚悟ができているかどうかを見ようとしている質問だ。ひとまず「目的意識をもっていれば、残業も苦にならないと思います」「残業手当てがたまるのが楽しみです」などと前向きに答えておこう。

●「本当は当社ではなく、別の会社に行きたいんじゃないの?」

➡たとえ見え見えだと思えても、その企業のどこか魅力のあるところをあげて、第一志望であることを訴えよう。その会社より規模の大きな同業他社を受けているなら、その理由をしっかり述べるようにしたい。

●「(営業志望ではない人に)入社したら、営業部に配属になるけど、かまわない?」

➡新卒の場合、希望職種の一貫性を確かめるために、こうした質問がされることはあまりない。よって、基本としては「喜んで営業の仕事をさせていただきます」「さまざまな職種を勉強させていただけるなら、ありがたいことだと思います」などと、企業全体の利益を優先する姿勢と柔軟性を見せるのが正解といえるだろう。

●「ずいぶん成績が悪いねえ」

➡たとえアルバイトで忙しかったとしても、これには言い訳をしないほうがいい。「少し要領の悪いところがあり、努力はしたのですが、こうした結果になりました」といった回答が無難だろう。

なかなか本音が聞けないとき、いじわるな質問で突っ込まれることもある。最初から、素直に、心を開いて話すように心がけよう。

予想外の質問への対応

CHECK POINT

質問の意図を読んで落ち着いて答えよう

□**質問の意図を把握する**
主体性、社会性、倫理観など、何を探るための質問かを知ろう。

□**思考の柔軟性が試される**
突飛な質問にも、思考の柔軟性を試すという意図がある。

□**回答を自己ＰＲにつなげる**
どんな質問でも、自分の長所や志望動機につなげて答えたい。

□**答える必要がない場合も**
極端にプライバシーを侵害する質問などには答えなくてもいい。

どんな質問にもなんらかの意図がある

面接ではまず基本として、他人の話をよく聞いているか、自分の意見をわかりやすく話せるかというコミュニケーション能力が見られる。そのうえで、仕事をするのに必要な行動力や精神力、知識などが試されることになる。

たとえ予想外の質問が出されても、何の目的もなく、面接官の気まぐれで出されているといったことはまずない。

学生がマニュアル通りの優等生的な回答しか返してこない場合は、面接官としても、その人の本当の適性を知るのがむずかしい。

そこで、どうしても、学生の予想を裏切るような質問をしなければならないのだ。

柔軟な思考力を養っておくことが大切

たとえ予想外の質問でも、その意図がわかれば、あわてることなく、落ち着いて回答できるはずだ。しかしときには、いったいそんなことが就職に関係あるのだろうか、と首をかしげたくなるような、突飛な質問も出される。

そうした場合も、どんな質問にも臨機応変に答えられる柔軟性を探っているのかもしれない。ユニークな発想を評価してもらえるよう、頭を柔らかくしておきたい。

対応にとまどう質問例

面接官の変化球をうまくキャッチしよう

面接では常に柔軟な対応が求められる。臨機応変に対応できなければ、失格になる場合もある。予想外な質問が出されても、あわてないように。質問の意図を考えて、落ち着いて回答しよう。

●「あなたを動物にたとえてください」

➡ここで自分の嫌いな動物を答える人は少ない。しかし、面接官が知りたいのは、その動物が何であるかということよりも、むしろその動物を選んだ理由だ。回答は、自分でも肯定的に受け入れられる面を理由にして、ナルシスティックなものになりがちだ。そこから、学生がどのような人間でありたいと思っているのかを知ろうとしている。「カワセミです。広い視野のうちに目標をとらえ、チャンスを逃さず、確実にそれをものにするところは、生き方として共感します」などと答えればいい。

●「100万円あったら何に使いますか?」

➡お金の使いみちはよくある質問。設定された金額が大きければ、人生観を問われているのかもしれない。賭けごとですってしまうより、計画性のある使いみちを示したほうが勝ち。発想のユニークさも求められる。

●「愛読書は何ですか?」

➡「宗教」「支持政党」「両親の職業」などとともに、就職差別につながるとして、厚生労働省では質問しないように指導している。 もし質問されたら、無難に実用的なベストセラーを答えておこう。

「尊敬する人物」「購読新聞・雑誌」をきくのも就職差別。一般企業ならまだあり得るが、公務員試験で質問されることはない。

グループディスカッションとは？

CHECK POINT

自分に合った役割を引き受けることが大切

□**司会がトクとは限らない**
司会はリスクも大きい。慣れていなければ、避けたほうが無難。

□**発言は積極的にしよう**
司会でなくとも、積極的な発言によって面接官の印象に残ろう。

□**議論を盛り上げよう**
グループごと落とされる可能性もある。活発な意見交換をしよう。

□**他人の発言をよく聞く**
人の意見を理解できなければ、議事は進行しない。

与えられたテーマでディスカッションを行う

グループディスカッションでは志望動機や自分の長所などを直接訴えることはできない。しかし、企業側にとっては、その学生の個性やさまざまな能力をチェックしやすい形式だ。

面接当日に、グループ分けが行われる。テーマが与えられ、それにそって議論することになる。

ディスカッションに先立って、まずグループ内でだれが司会をするかを決める。ここで、リーダーシップ、積極性を印象づけようとして、司会役に立候補する人もいるが、そのリスクも考えたい。

司会を決める場面を含め、議論の始まりから終わりまで、基本的に面接官は一切口をはさまない。たとえ活発な意見が出なくても、紛糾しても、面接官は近くで観察しているだけだ。

グループとしての意見をうまくまとめよう

限られた時間内で、グループとして意見をまとめることが求められるケースも多い。

議論の結果、完全な意見の一致を見ないまでも、なんらかの総括は求められるだろう。そうしたときに、司会でなくても、うまくまとめることができたら、面接官の評価は高いはずだ。

司会のメリットとデメリット

司会役を引き受けるべきかどうか?

グループ内で活発に意見交換がなされるかどうかは、司会の力に負うところが大きい。たとえリスクが高くても、逆にポイントが高いなら、司会役はねらってみたくなるポジションだ。

■グループディスカッションの席の配置

■司会役の選定

グループ分けのあと、ディスカッションに先立って、だれが司会をするかを決める。司会役を引き受けるかどうかは慎重に考えたい。

〈メリット〉

自分から司会に立候補した場合は、積極性を評価される。立候補者がだれもおらず、その場を進行させるために引き受けた場合は、責任感があると評価されるだろう。そして、グループのメンバーが積極的に意見を出しやすくなるよう、リーダーシップを発揮し、最終的に結論をうまくまとめられたなら、ポイントはかなり高くなる。

〈デメリット〉

時間内に意見がまとまらなかったりした場合は、とくに司会の評価は低くなる。また、他人の意見を聞かずに強引に議事を進めると、仕切り好きのでしゃばりというふうに見られてしまう。さらに、進行に気をとられすぎて、自分の意見を発言できなくなる可能性もある。

たとえ司会であっても、自分の意見を述べなければソン。その発言が起爆剤となって、議論が活発化するということもある。

グループディスカッションのポイント

CHECK POINT

話し方や態度もしっかり評価される

□**はっきりした声で話そう**
ほかの人が聞こえないような小さな声で話してはいけない。

□**司会を無視しない**
司会役を中心に議論を進めるように注意する。

□**自分ばかりしゃべらない**
独演会ではないのだから、他人にも発言の機会を譲ること。

□**端的に意見をまとめる**
ダラダラ話されては迷惑。考えがまとまってから発言すること。

自然な丁寧語を心がけて話したい

グループディスカッションでは、テーマも当日に与えられることだし、自分の意見をアピールするのも、ある程度他人しだいといった面がある。しかし、そういったことにかかわらず、言葉づかいや態度などは、面接官の目に常にさらされている。

その場にふさわしい常識的な言葉づかいや態度が求められている。学生どうしの気安さから、タメ口で話そうとしてはいけない。そうかといって、敬語で話すのも不自然だ。当たり前のことだが、自然な丁寧語で話そう。

話の内容よりも態度が大切なこともある

他人の話を聞くときには、話している人の顔を見るというのは、グループディスカッションでも、個人面接や集団面接と変わらないマナーだ。

そして、自分が発言するときには、司会役の人を含め、グループ内のだれかの顔を見ながら話すようにしよう。わざわざそのようなことを注意するのは、立ち会っている面接官のほうを見て話したりしないためだ。面接官にぜひとも聞かせたいような、すぐれた意見であっても、その態度はあまりに印象が悪い。

こんな態度は減点になる

しっかりと気を引き締めてかかろう

学生どうしでのびのびとディスカッションできるのはいいが、つい気がゆるんでしまいかねない。マナー違反をすることがないように、陥りやすい落とし穴をあらかじめ確認しておこう。

●ひとことも発言しない

これは論外。ほかの人の勢いに圧倒されても、積極的に議論に加わるよう努力したい。

●意見をコロコロ変える

議論した末に、納得のうえで方向転換するならいい。しかし、他人の意見にふりまわされ、自分の意見をコロコロと変えるのは意志薄弱ともとられる。

●他人の話をオウム返しに言う

同じ意見をもつ立場でも、すでにだれかが述べた意見を繰り返してもしょうがない。議論を発展させるような発言が期待されている。

●他人の意見をからかう

自分と違う意見や、賛成しがたい発言があっても、バカにするような態度をとってはダメ。反対意見があるのなら、論理的に説明しなければならない。

●反対意見にカッとなる

逆に、反論されたからといって感情的になってはいけない。幼稚な態度と思われてしまう。

控えめなところは長所だと開き直ってはいけない。入社したら会議はつきもの。自分の意見を主張できる度胸はつけておきたい。

プレゼンテーション面接のポイント

CHECK POINT

プレゼンテーションが課題となる面接もある

□**テーマにそった発表をする**
いくら苦手なテーマでも、そこからそれた話をしてはダメ。

□**説得力のある発表をする**
論理的であり、しかも感性に訴えかけるような発表をしよう。

□**独自性も大切になる**
現実ばなれしない範囲なら、発想のユニークさも評価される。

□**入社への意欲を伝えよう**
テーマにかかわらず、入社への意欲が伝わるような発表をしよう。

テーマにそって自分の考えを発表する

一般的に、プレゼンテーション面接は、選考がかなり進んできて、二次か三次面接のあたりで行われることが多い。

プレゼンテーション面接では、面接の当日、あるいは事前にテーマが与えられ、それにそったプレゼンテーションを面接官に向かって行う。

自分の考え、意見などを相手に伝える手段として、口頭による発表だけでなく、レジュメ、ホワイトボード（黒板）、模造紙、ノートパソコンなどの道具を使用する場合が多い。

与えられるテーマは企業によってさまざま

テーマはさまざまだが、自分自身をプレゼンテーションする場合と、企業の事業戦略などをプレゼンテーションする場合とがある。

自分自身をプレゼンテーションする場合には、「当社に入って何ができるか」などといったテーマが与えられることが多い。

企業の事業戦略などをプレゼンテーションする場合は、たとえば、「これからのヒット商品は何か」といったテーマにそって企画の提示をさせられたり、新商品の売り込みなどがテーマとして課せられたりする。

プレゼンテーション面接の流れ

人前での発表に慣れておきたい

面接にプレゼンテーションの形式をとる会社は多い。学校で研究発表などを行ったことがある人は多いだろう。もしもやったことのない人は、友人や家族につきあってもらい、練習させてもらおう。

<table>
<tr><th></th><th>自分自身の
プレゼンテーション</th><th>企業の事業戦略などの
プレゼンテーション</th></tr>
<tr><td>1.テーマの提示</td><td>〈例〉
「当社に入って何ができるか」
「当社に入って何がしたいか」
「当社を選んだ理由を説明せよ」
「あなた自身を商品にたとえて売り込んでください」</td><td>〈例〉
「これからのヒット商品は何か」
「当社の商品で1億円を売り上げるための方法を提案せよ」
「現在の商品流通のシステムに関して改善点を提案しなさい」
＊ その他、「あなたが感じる時代の変化」「経営・経済・社会の諸問題について」など大きなテーマが提示されることもめずらしくない。</td></tr>
<tr><td>2.準備
＊ 事前にテーマが提示され、準備期間もそれなりに与えられるケースは多い</td><td>〈ポイント〉
自己分析と企業研究を結びつける努力を。
</td><td>〈ポイント〉
自分なりにテーマを研究、資料を集めたり、レジュメを作成するなどの準備をする。たとえば、新商品の企画などがテーマになった場合は、実際にかかるコストなどを含め、本格的な企画案が要求される。</td></tr>
<tr><td>3.プレゼンテーション</td><td colspan="2">大切なのは目立つことではない。だれもが納得できるように、説得力のある発表をすること。レジュメ、ホワイトボード（黒板）、模造紙、ノートパソコンなどを使用する場合もある。自分の考えをわかりやすく伝えよう。</td></tr>
</table>

多くの場合、発表のあとには質疑応答が行われる。自分の発表に抜けたところがないか、あらかじめ自分でしっかり点検しておこう。

面接で緊張しないためのコツ

CHECK POINT

模擬面接などで慣れておくのが有効

□緊張しない人はいない
自分だけではない。だれもが、多かれ少なかれ緊張している。

□緊張してもかまわない
気のゆるみのほうが恐い。適度な緊張は必要だと考えよう。

□集中力を失わないこと
ただし緊張のしすぎで、集中力を失うことだけは避けたい。

□面接の練習をしよう
学校のキャリアセンター（就職課）が模擬面接を実施する場合もある。

重要視されるのはコミュニケーション能力

世の中の仕事で、他人との関わりをまったく断ったうえに成り立つものは皆無といえる。たとえ研究職のような場合も例外ではないだろう。どのような会社に入ろうと、コミュニケーション能力が劣っていれば、業績を上げることはできない。

企業としては、社員教育に手間をかけたくないので、できれば最初からコミュニケーション能力のすぐれた人材を採用したい。面接では、ものおじせず、堂々と自分の意見を述べることのできる人が有利なのだ。

緊張するのは悪いことばかりではない

といっても、緊張するのは、必ずしも悪いことではない。気がゆるんで、だらしない態度やふだんの悪い癖が出てしまうよりは、はるかにいいのだ。

悪いのは、実力が発揮できなくなるまでに緊張しすぎること。たとえ緊張しても、集中力さえ失わなければいいのだ。面接官が何を質問しているのか、どう答えればわかってもらえるか、そのことに集中しよう。

もちろん、練習は有効だ。模擬面接を受ける機会などがあれば、積極的に参加しよう。

タイプ別面接克服法

あがり性の原因はさまざま

どうもうまく他人とコミュニケーションをとれない、面接は苦手だといっても、そうした人のタイプはさまざまだ。自分にあてはまるタイプを見つけて、それにふさわしい対処法を実践してみよう。

●おしゃべりが好き
ふだん、友人どうしでなら、いくらでも話せるというタイプ

→ 気がゆるんでしまえば、だらしない態度が出てしまいがちだ。こうしたタイプには、ある程度の緊張が必要。それをわきまえたうえで、年齢のはなれた年上の人の前で話す機会を増やすようにしよう。面接の場面を想定できなくても、敬語に慣れるだけでもいいだろう。

●おしゃべりは嫌い
不言実行を信念としている、行動家タイプ

→ こうしたタイプには度胸がすわっている人も多い。ただし、面接では、以心伝心というわけにはいかない。おしゃべりが必要だ。ひとまず友人を相手でかまわないので、自分の考えを言葉にして表す練習をしよう。わかりやすい説明になっているかを、厳しくチェックしてもらうことが大切。

●おしゃべりは苦手
人前で話すことが、もともと苦手なタイプ

→ 自分に自信をもつことが大切だ。徹底した自己分析と企業研究によって、自信をもって答えられる内容と表現をある程度固めておきたい。また、人前で話すことに慣れるため、友人との会話を増やすだけでなく、模擬面接などが実施されるなら、ぜひ参加しよう。

人は緊張すると、何もしない状態でも酸素の消費量が多くなる。ありきたりな対処法だが、深呼吸は本当に効果があるのだ。

質問の意味がわからなかったら？

考える姿勢ぐらいは見せておきたい

面接では口頭試問によって、どれだけの知識をもっているかを試されることもある。あるいは口頭試問でなくても、面接官の質問が、職務に関する専門的に突っ込んだ話に及ばないとは限らない。

そうしたとき、とても回答できそうにない場合は、どうすればいいだろう。

知ったかぶりをして見当違いな話を長々とすることは問題外としても、すぐに「わかりません」と答えるのは、あまり賢明とはいえない。もしわからなくても、質問の意味を考える姿勢ぐらいはせめて見せておきたい。

完璧な回答はわからないにしても、何か関連していそうなことが思い浮かべば、それを答えたうえで、正直に「申しわけありません。勉強不足でした」とあやまったほうがいい。

面接官の話に意識を集中しよう

とくに専門的なことでなくても、少しまわりくどい言い方をされただけで、質問の意味がわからなくなってしまうのは、緊張しすぎているせいかもしれない。

面接では、よけいなことは考えず、面接官の言葉に意識を集中するよう心がけよう。

CHECK POINT

面接官の言葉に意識を集中すること

- □**わかった部分だけ答える**
  あきらめず、答えに引っかかりそうなことは何でも言ってみる。
- □**知ったかぶりはダメ**
  わかったような顔をして、自信ありげに答えるのはみっともない。
- □**正直にあやまる**
  勉強不足を認めて、正直にあやまることも大切。
- □**意識を集中する**
  よそごとを考えていては、質問の意味がわからなくなるのも当然だ。

無難な方法で対処しよう

なぜ理解できなかったのだろう?

質問の意味がわからない場合、その原因というのは、大別すれば、2通りしかない。すなわち、自分が悪いか、面接官が悪いかのどちらかだ。それぞれのケースごとに対処法を考えてみよう。

●面接官の言いたいことがわからない

「〜についてですね?」と確認してみる

難しいことをきかれているわけではないが、面接官が言っていることの要点がいまひとつはっきりと理解できなかったときは、そこで答えをあきらめてしまう必要はない。言われたことを頭の中で反芻し、ひとまず「〜についてですね?」と確認してみよう。理解力に乏しいと思われるかもしれないが、適当にあたりをつけて、見当違いの方向の話をしてしまうよりはマシというものだ。

●面接官の質問が聞き取りづらかった

「恐れ入りますが、もう一度お願いします」と言う

あまりないことだと思うが、面接官の声が小さかったり、かつぜつが悪く、はっきり話さない場合があるかもしれない。そうした場合は、正直に「聞き取りづらかったので、恐れ入りますが、もう一度お願いします」と言ってみよう。とくにマイナス評価とはならないはずだ。ただし、集団面接で、ほかの学生が答えているのに、自分だけがもう一度質問をきく、という失敗は犯さないように。

回答が見つからないときは、「それについてはわかりませんが、こういうことならお答えできます」と言葉をつないでもいい。

最終面接突破のカギ

CHECK POINT

最終面接は選考の場と考えよう

- □**最終面接は選考の場**
  そこで不合格が出されることも、めずらしくはない。
- □**役員面接に注意する**
  最終面接として、役員面接が行われる企業が多い。
- □**厳しい合格率を覚悟する**
  役員面接の場合はとくに、不合格が出されることも多くなる。
- □**役員の視点を知っておく**
  人事部の社員とは異なる役員ならではの視点を知っておこう。

最後まで気を抜くことはできない

学生の中には、最終面接を「入社の意志の確認の場」あるいは「内定の場」と信じている人も多いようだが、実際は、ほとんどの企業において、最終面接は選考の場である。

一次、二次と勝ち上がってきて、ようやくたどりついた最終面接で落とされるのは、かなりショックだろう。落ち込みの度合いも大きい。どうせ落とされるなら、早い段階で落とされたほうが、マシというものだ。

しかし、最終面接で不合格が出されることはめずらしくない。企業の中には、最終面接での合格率が50パーセント以下といったところもある。

最後まで気を抜かず、全力で臨むべきだ。

役員面接にはとくに注意が必要だ

最終面接が役員面接になる場合には、そこで不合格が出されることも多くなる。一次、二次面接などで面接官をつとめていた採用担当者（人事部の社員）と会社の重役とでは、多少なりとも、視点が変わるためだ。

そうした場合にはどのような対応が有効なのか、役員ならではの視点を知っておこう。

役員はここを見ている

細かいところに目は行かない

　採用担当者（人事部の社員）も、経営者寄りの視点はもっているが、役員になると、それが徹底される。細かいところに目は行かず、大きな視野の中でとらえられるので、それなりの対応が必要だ。

■直感的に判断する

役員は、自分の直感的な判断に自信をもっている場合が多い。すぐれた人材かどうかを、客観的な評価基準に頼らず、雰囲気などから直感的に判断する傾向が強い。

■経営者的資質を重視

役員は、自分と似たものを選ぶ傾向が強い。つまり、視野の広さや先見性、責任感、リーダーシップがとれるかどうかなど、将来における経営者的資質を高く評価する。

■変わり者を嫌う

役員であれば、「社風」というものを重んじている。どれだけ職務遂行能力があろうと、「社風」に合わない人はいらない。

●役員への対応

・若者らしくさわやかにふるまう
・明るい笑顔をキープする
・「近頃の若者にしては、しっかりしている」と印象づける
・企業研究によって、「社風」についても知っておく

役員であれば、会社全体のことを考えている。その会社で実現したいことなどを熱く伝えよう。

COLUMN

先輩たちの体験談に学ぼう！

「面接の練習はとても重要です。あるIT企業の面接を受けたときには緊張で震えが止まらず、まったくしゃべれない状況でした。面接官からも「緊張しすぎだ」と笑われたことを覚えています。それから、就活予備校に通い、面接の練習を繰り返した結果、わずか2カ月後にはほとんど緊張しなくなりました。面接官の質問に対して、どのような回答がより適切かを考える余裕をもてるようになりました」（W大学・Nさん）

「志望動機について質問され、あらかじめ丸暗記していた内容をそのまま話そうとしたのが間違いでした。面接官がどんな顔で聞いているのかもわからず、とにかく早口で一方的に話してしまいました。緊張で汗だくになりながら話し終わると、「わかりました。結構です」ですぐに面接は終わってしまいました。返答の内容すべてを丸暗記しても意味はありません。いくら立派な志望動機を披露しても、面接官との対話をこちらから拒んでいるようなものです。コミュニケーション能力のなさを露呈したわけですから、当然、その会社には受かりませんでした。キーワードだけ頭の隅に入れたら、あとはその場で臨機応変に答えられるようにしておくべきです」（K大学・Tさん）

「面接でエントリーシートに書いた内容について突っ込んだ質問をされたのですが、控えを取り忘れていたため、失敗してしまいました。自分で書いたことを思い出せず、とても情けない思いをしました。また、1日2〜3社をかけもちしていると、どの会社で、どのような質問をされ、自分がどう答えたかも、わからなくなってしまいます。きちんとメモを取っておくことの大切さを痛感しました。就職活動の後半には、企業別にファイルをつくり、提出書類の控えや、面接のメモを残しておくようにしました」（H大学・Sさん）

第8章

内定とその後の活動

内定はいつどのように出される？

CHECK POINT

就職活動を持続することが大切

- □**就職活動を継続する**
  合否の結果待ちの間も、どんどん就職活動を続けよう。
- □**早まる内定の通知**
  10月1日を待たずに、いきなり内定を出す企業が増える。
- □**内々定は内定と同じ**
  企業にとっては、10月1日以前の「内々定」も正式な内定と同じ。
- □**通知のしかたはさまざま**
  口頭もあれば、電話や文書で伝えられることもある。

内々定と内定とはどう違う？

2018年に経団連が「就活ルール」の廃止を発表した。

従来は「就活ルール」で決められた10月1日よりも前に出される採用の通知を「内々定」と呼び、正式な内定と区別していた。しかし「就職ルール」が廃止されたことで、今後は、「内々定」を出さず、10月1日を待たずに内定を出す企業も増えそうだ。

「内々定」と内定、どちらが出されるか、学生のみんなには心理的に違いがあるかもしれない。しかし、変に気にする必要はない。企業にとっては、実質的にほぼ同じことだ（したがって本書では、「内々定」も内定と呼んでいる）。

内定の通知のしかたは企業によってさまざま

内定は最終面接の場で口頭で伝えられることもあれば、後日に電話や文書、または呼び出されて伝えられることもある。

最終面接後、いくら待っても何の通知もない場合には、こちらから採用担当者にメールを出して、問い合わせてもいいだろう。あまり期待はできないが、かろうじて合否のボーダーラインに残っているときには、調整のために遅れている可能性もある。

不安な気持ちを何とかしよう

立ち止まらず、先に進もう

合否がわからず、宙吊り状態でいるのは、精神的に苦しいだけでなく、長引けば、実際、就職活動に支障をきたすことにもなりかねない。すっきりと不安を解消して、どんどん先に進もう。

●いつまで経っても合否の通知がこない

いついつまでに連絡すると言っておきながら、何の連絡もないとすると、 不合格と判断しながらも連絡を怠っているのか、 あるいは、まだ調整がつかず、ボーダーラインの学生には連絡を保留しているか、どちらかの可能性が高い。

〈対応のしかた〉

あまりにも待たされるようなら、こちらから採用担当者にメールを出して、問い合わせてみよう。いずれにしろ、就職活動は継続することが大切。

問い合わせ

●表現があいまいなため、内定の確信がもてない

たとえば、「もうスーツは脱いでいただいてけっこうです」などと言われたり、「よろしく」と言って握手するだけであったり、それが内定を意味するのかどうかはっきりとわからない場合もある。

〈対応のしかた〉

確信がもてず不安な場合は、「これは内定と受け止めてよろしいでしょうか?」などと臆せずきいてみよう。

内定はいくつ
もらってもいい!

本当に行きたい会社から内定をもらえるまでは、就職活動を続けよう。せっかくもらえた内定だからと、そこで妥協してはダメ。

「誓約書」って何のこと？

CHECK POINT

誓約書の提出は慎重に考えたうえで

- □**一種の契約書**
  誓約書や入社承諾書は、入社の意志を表す大切な書類だ。
- □**提出前によく考える**
  とりあえずキープするという、安易な気持ちで提出しないように。
- □**提出の期限を守る**
  誓約書に限らず、会社から求められる書類は迅速に提出しよう。
- □**内定の辞退は可能**
  誓約書を提出後も、内定の辞退を申し入れることはできる。

誓約書や入社承諾書は一種の契約書

就職試験の合格者に、誓約書、あるいは入社承諾書といった書類への署名を求め、その提出をもって正式な内定とするという企業もけっこうある。

一種の契約書なので、第一志望の企業でないと、提出するのがためらわれる場合もあるだろう。ほかの会社の結果待ちをしていて、誓約書の提出を迷ってしまうことはありがちだ。

誓約書を提出することは、「留保つき解約権をもつ雇用契約」を結んだという意味になる。もちろん、提出したからにはどうしても入社しなければならない、というわけではない。内定の辞退は、民法によって、入社2週間以上前までに申し入れれば認められることになっている。

内定をめぐる対応には誠意をもとう

それにしても、いったん誓約書を提出しておいて、内定を辞退するのは、企業に多少なりとも迷惑をかけることになる。なんでもいいから、署名して提出すればいいというものではない。

逆のケース、つまり、企業側が誓約書の提出後に内定を取り消すことはまずない。こちらも誠意をもって対応すべきである。

誓約書を求められたら?

適切に対応しないと後悔する

第一志望の企業へなら、迷うことなく、すぐに誓約書を提出できるだろう。しかし、志望順位が下の企業から、先に内定をもらうこともある。後悔しないためには、どのように対応すべきだろうか?

■誓約書を求められたら?

〈対応のしかた〉

慎重に、かつ、すみやかに判断する

その企業が第一志望なら迷うことはない。そうでなく、第一志望の企業の結果がまだ出ていない場合には、期限のぎりぎりまでは提出を延ばしてもいい。ただしそのまま、気がついたら期限を過ぎてしまっていたというのでは、内定取り消しもあり得るので注意したい。

■誓約書の提出の期限がきてしまったら?

〈対応のしかたA〉

提出期限を延期してもらえないか、きいてみる

採用担当者に、「第一志望の会社の選考がこれからあり、その結果が出た後にお返事をさせてください」などといったことを正直に伝えてみよう。こころよく待ってくれる場合も多い。

〈対応のしかたB〉

ひとまず誓約書を提出する

ただし誓約書を提出したあとで、内定の辞退を申し入れるときには、それなりの理由の説明と、きちんとした謝罪が必要になるので覚悟しておくこと。

もし誓約書の提出が遅れるようなら、事前に必ず連絡を入れよう。連絡や報告、相談といったことは、社会人として必須事項だ。

重複内定ではどう決断する？

CHECK POINT

手もとに1社の内定が残っていればいいはず

- □**返事を先延ばしにしない**
  いつまでも返事を保留しないこと。会社にとっても迷惑だ。
- □**責任は自分にある**
  家族や友人の意見を聞くのも大切だが、最後は自分の決断だ。
- □**内定の辞退を申し入れる**
  手もとには常に1社の内定だけが残っていればいい。
- □**優先順位をつけておく**
  就職先として何を優先するか、その基準をまずはっきりさせよう。

いつまでも返事は保留していられない

複数企業から内定をもらい、どこに就職先を決めるか、迷ってしまうこともある。就職試験を受けている間に、企業に対する理解度が深まり、最初からの志望順位が動くことはめずらしくない。実際に会社訪問をしてみたら、社内の雰囲気が悪かったということもあるだろう。

しかし、いつまでも保留していると、企業に迷惑をかけることになる。また、誓約書の提出期限を越えて、返事を先延ばしにしていれば、内定を取り消しにされてしまいかねない。

いずれにしろ就職できるのは1社だけだ。手もとには、常に1社の内定があればいい。1社を残して、そのほかの企業へは早めに内定の辞退を申し入れよう。

志望先の企業に優先順位をつけておこう

学校のキャリアセンター（就職課）では、先決優先で就職先を決めるよう指導しているところも多い。もっとも早く内定の出た企業へ就職を決めるということだ。

しかし、最初に内定をもらった企業が、本当に入りたい会社かどうかはわからない。優先順位をつけておき、それに従って選択する必要があるだろう。

重複内定の場合の決断のポイント

より理想に近い会社を選ぼう

どの企業も甲乙つけがたいと思っても、まったく同じ会社はない。自分の適性や、10年後になりたい自分の理想に照らして、どの会社を選ぶべきか、考えてみよう。決め手はどこかにあるはずだ。

■完璧を求めない

理想どおりの完璧な会社などはあり得ない。どんな会社にも、いいところもあれば、必ず悪いところもある。このことをわきまえたうえで、ある程度は妥協を覚悟しよう。そうしなければ、いつまで経っても、決断することはできないだろう。悪いところがあれば、自分が入社して変えるぐらいの気持ちになりたい。

■まわりにふりまわされない

迷ったときに、家族や友人の意見を聞くことは大切だ。しかし、最初から他人の意見にふりまわされていてはいけない。就職するのも自分だし、そこで成功しようと失敗しようと、責任をとらされるのは自分だ。世間的に見ていい企業ではなく、自分に合っているのはどの企業かを考えるようにしよう。

■優先順位をつける

就職先を決めるにあたって、何を優先するか、その基準をはっきりさせよう。たとえば、まずやりたい職種が一番で、次に待遇を優先する、といった具合に。どうしても譲歩できないことがあれば、それだけを基準として就職先を決めてもいい。応募する会社を選んだときよりも、さらに詳しく具体的な基準を設けて、優先順位をつくり、決断を下していく。

A社
B社
紹介者がいれば、まず相談してみよう!

紹介者がいるなら、自分で決める前に、まず相談してみること。学校のキャリアセンター(就職課)で紹介された場合も、係の人に相談しよう。

内定の辞退のしかたに注意しよう

CHECK POINT

内定を辞退するときは慎重な対処が望まれる

- □**内定の辞退は避けられない**
  企業側も、辞退する学生のいることは計算に入れている。
- □**慎重に考えよう**
  一度辞退したら、後戻りはできない。慎重に考える必要がある。
- □**内定の辞退は早めに**
  できれば、誓約書や入社承諾書の提出前に辞退を申し入れたい。
- □**謙虚な姿勢であやまる**
  縁が切れるからといって、傲慢な態度をとらないことが大切。

内定の辞退を恐れる必要はない

重複内定があれば、内定の辞退ということも、どうしても避けられない。

企業側も、辞退する学生がいくらか出てくるということはあらかじめ計算に入れて、内定の数を決めている。だから、内定の辞退をそれほど恐れる必要はない。

問題は内定の辞退そのものよりも、辞退のしかただ。

まず、内定を辞退するのであれば、なるべく早めにすることが肝心だ。企業側では、追加採用などの調整処置をしなければならなくなる。誓約書や入社承諾書の提出前に申し入れることができれば、ベストだ。

不誠実で身勝手な印象を残さないようにする

そして次に、内定を辞退するときの態度に気をつけよう。

内定をもらったときには感謝しておきながら、ほかから内定が出るや、まるで手のひらを返したように傲慢な態度をとるのではいけない。謙虚な姿勢であやまろう。

それに、自分はこれで縁が切れると思っても、たとえば、次の年にその企業に応募する後輩に影響が及ぶかもしれない。不誠実で身勝手な印象を残さないように気をつけたい。

最後までマナーを忘れない

会社訪問、さらに手紙でお詫びを述べる

内定の辞退を伝えることを、電話だけで安易にすませてはならない。会社を訪問して直接お詫びを述べるのが、基本的なマナーといえるだろう。そのうえで、お詫びの手紙も書くようにすべきだ。

■内定を辞退するときの手順

1.電話連絡をする

内定を辞退することを決めたら、採用担当者にすみやかに電話で連絡しよう。

2.訪問して詫びる

電話連絡の際、会社に出向き直接あやまりたいと思っていることを伝えよう。その際、先方から「そこまでする必要はない」と言われたら、無理に行くことはないので、電話口で丁重にお詫びを述べよう。

3.手紙で詫びる

訪問するしないにかかわらず、こちらの都合で一方的に内定を辞退することに関して、手紙で丁重にお詫びを述べよう。書面として残ることで、「辞退するとは聞いていない」と言われるような問題があとから起こるのを防ぐこともできる。

■お詫びの手紙の例

拝啓　貴社ますますご清祥のこととお慶び申し上げます。

先日は、ご多忙の折、お電話を差し上げ失礼いたしました。

勝手ではございますが、自分の進路についてあらためて考えた結果、内定を辞退させていただきたく存じます。

就職活動に際し、納得がいくまでさまざまな企業を訪問し、お話をうかがわせていただきました。その結果、貴社以外にも数社試験を受け、そのうちの一社から内定をいただきました。最後まで悩みましたが、自分の希望する職種を鑑み、貴社を辞退させていただきたく存じました。

せっかくのお話を辞退させていただくのは心苦しい限りですが、何卒お許しください。

就職活動を通じて、大変お世話になりましたことを心から感謝いたしております。

末筆ながら、貴社のご発展をお祈り申し上げます。

敬具

○年○月○日

□□大学経済学部経営学科4年
神田誠一郎

内定後の拘束とはどんなもの？

CHECK POINT

他社への就職活動ができない状態になる

□研修などへの参加は自由
参加しなければ、第一志望でないことがあからさまになる。

□就職活動を優先する
第一志望の結果が出ていないなら、就職活動を優先しよう。

□ウソも方便
不利になるようなら、不参加の理由を正直に言う必要はない。

□入社を決めたら参加しよう
仕事を学べるチャンス。入社を決めているなら、ぜひ参加しよう。

内定後には就職活動が制限される

だれであれ、内定をもらって、数日も経つと、だんだんうれしい気持ちが薄れてきて、「ここで本当に就職活動をやめていいのだろうか」といったような不安におそわれるもの。

　企業としては、せっかく出した内定を辞退されないよう、学生に拘束をかける。誓約書や入社承諾書に署名させ、提出させることにも、拘束の意味合いがあるが、さらに一定の期間、学生を一箇所に集め、他社への就職活動をできない状態にすることもある。

　研修と銘打ったものから、親睦会のように食事に連れて行かれるものなど、拘束のしかたはさまざまである。

就職活動を続けたいならそちらを優先すべき

入社の意志が本当にある企業なら、参加して、業務に関する理解を深め、内定者どうしの親睦をはかるのは悪いことではない。

　しかしまだ就職活動を続けたいと思っていて、拘束日に他社の面接などがあれば、そちらを優先すべきだ。

　ただし、ここで正直に就職活動のためと報告する必要はない。授業や卒論などに関わる理由をつけて、その場を切り抜けよう。

拘束のしかたはさまざま

研修はもっともポピュラーな拘束方法

拘束といっても、逃げ出さないよう手足を縄で縛られ、監禁されるわけではない。目的は内定者の就職活動の制限だが、企業側もこの期間を有効に使う手だてを考えており、研修などが実施される。

研修	名目は、会社の業務や担当部署での職務について理解を深めてもらうということ。1日から1週間程度、終日ホテルや研修所などに呼び出されて、会社のビデオを見せられたり、さまざまな社員の話を聞いたりすることが多い。企業によっては、業務に関連のないグループディスカッションを時間つなぎのためにやらせたりする。
親睦会	内定者を集めて、レストランやアミューズメント施設などで懇親会を開く。名目は、内定者の不安感の軽減、会社に対する理解の推進、内定者どうしの交流など。派手なパーティーのかたちで、贅沢なごちそうを出されるケースもめずらしくない。
内定式	今までは10月1日以降に行われていたが、早い時期に行われたら拘束の意味合いが強い。内定式は誓約書と同様に、入社の意志を表すためのもの。内定者が一堂に集められることもあり、あとから辞退がしにくくなる。
健康診断	健康診断書は通常、選考材料として使われる。しかし、内定後にもう一度、健康診断が実施されたり、診断書の提出を求められたりすることもあり、その場合は拘束の意味合いが強い。

もちろん実際の業務に直結した、必要欠くべからざる研修もあるので、すべてを拘束と思って、おろそかにするわけにはいかない。

内定がまったく出ない場合は？

CHECK POINT

腕試しではなく、マッチングが一番大切

□**焦らず冷静になる**
就職活動では、ベストマッチの会社に出会うことが一番大切。

□**会社選びの基準を確かめる**
どこでもいいからと、闇雲にエントリーしていないか。

□**自分に合った企業を選ぶ**
企業に迎合し、無理な志望動機をつくったりはしていないか。

□**自己PRを再点検する**
面接などでの発言内容は、自分の長所を最大限に伝えているか。

ベストマッチングは合格よりも難しい

就職試験は、資格試験などとはもともと意味が違う。たとえ不採用になったからといって、それだけで、能力が劣っているということにはならない。自分と企業との相性が、お互いに合わなかっただけと考えていい。

まわりの友人がどんどん内定をもらっていれば、当然、焦りを感じるだろう。しかし、早ければいい、たくさん内定が出ればいいというものではでない。

一番大切なのは、ベストマッチングといえる会社に最終的に出会えるかどうかだ。

あまり落ち込まず冷静に反省してみよう

企業から「合わない」と判断されるのはなぜだろうか。

どれだけ受験しても、いつも不合格が出るようなら、自己分析や企業研究がきちんとできていない可能性が高い。自己分析の結果と志望動機がうまく結びついていないのだ。

それがどの段階で露呈されたかによって、対策の立て方も変わってくる。

入社したいという気持ちばかりが先立ってはいないか、自分のやりたいことは適性に合っているか、再点検してみよう。

内定が出ないときの対策

まず原因をよく考えてみよう

面接に通らない、面接にも呼ばれないといったことが続くなら、それはもちろん何か自分の側に原因があるからだ。なぜ企業は不合格にしたのか、その原因をよく考えたうえで、有効な対策を練ろう。

●本人のやりたい仕事と、募集している職種が異なる

↓

〈対策〉

企業研究が浅かったことが原因。志望先を変えて、自分のやりたいことと一致した職種がある企業を探そう。

●なぜこの会社を志望しているのか、その理由が伝わってこない

↓

〈対策〉

企業のどこに魅力を感じたのか、それはほかの会社には替えがたい部分なのか、その企業で何をしたいのかを再度考えてみよう。

●本人のやりたがっている仕事に適性が感じられない

↓

〈対策〉

企業も適性検査のデータを鵜呑みにしてはいない。面接の場などで、自己PRに引用した体験やエピソードが、自分の長所につながっていたか考え直そう。自分のやりたい仕事と、得意なことは一致しているか。もしかすると自分の適性を見誤っている可能性がある。

●どんな人物なのか、つかみきれない

↓

〈対策〉

自分でいくら長所を訴えても伝わらないときは、裏づけとして引いたエピソードが適当でない、緊張してうまく話せなかったことなどが原因かもしれない。自己分析の見直しと、面接の練習が必要だ。

ボーダーラインでいつも落とされるときは、筆記試験の結果が悪すぎるのかも。市販の一般常識問題集、時事用語集をやり直そう。

就職活動はいつまで続ける？

CHECK POINT

終えるか続けるか、自分の責任で判断する

□**いつまでという期限はない**
秋までに就職活動を終えなければならないという決まりはない。

□**内定に納得できるか**
もっとマッチした企業と出会う可能性があるなら続けよう。

□**離職率の高い企業もある**
入社してもすぐに辞めてしまうなら同じこと。

□**投げてはダメ**
卒業まで就職活動を続けるぐらいの意気込みが大切。

納得できるまで就職活動は続けよう

　内定が出たからといっても、そこがベストマッチと感じられる会社であることは、ほとんどない。もちろん完璧な理想どおりの会社はあり得ないので、妥協することも必要だが、それでもまだ可能性があるなら、就職活動を続けるべきだろう。

　納得して終了するならいいが、疲れたからもういい、といった気持ちでは、入社してから後悔するかもしれない。ひとまず卒業までは続ける、といった意気込みでもかまわない。今の努力と将来の後悔、どちらを選ぶべきか、答えは見えている。

夏以降の就職活動にはどんな情報源が有効？

　企業の新卒者の採用スケジュールは多様化している。中途採用者と並行して採用している企業もあれば、新卒採用を春と秋に分けて行うところもある。

　夏以降の就職活動は、初期の情報源だけでは企業情報が足りなくなってくる可能性がある。

　就職サイトでは、二次募集の情報をリアルタイムで提供してくれる。また、新聞の求人欄や、中途採用者向けの雑誌などもチェックしたい。新卒と同時募集の採用情報が意外とあるものだ。

終盤戦で役立つ情報源

アンテナをさらに高く張ろう

終盤戦にさしかかり、持ち玉が減ってきたら、新たな会社を探そう。しかし、多くの企業が採用活動を終了する中、情報収集に苦労はするだろう。アンテナをさらに高く張らなければならない。

キャリアセンター（就職課）	学校のキャリアセンターの求人票はまめにチェックしておきたい。キャリアセンターには、二次募集などの情報が随時入ってくる。係の人にも積極的にアドバイスを受けよう。どこにも情報を出していない企業を教えてもらえるかもしれない。
中途採用者向けの情報誌	中途採用者向けの求人誌にも、新卒者募集を並行して行っている企業の情報がかなり載っている。
インターネットの就職サイト	インターネットの強みを活かして、リアルタイムで二次募集や遅れて採用をスタートさせる企業の情報が出ている。就職サイトは就職活動を通して、こまめにチェックしたいメディアだ。
合同企業説明会	内定がもらえない学生がいるように、募集人員になかなか満たない企業や、内定辞退者が予想外に出てしまった企業を対象に、4年生の秋以降も会社説明会が随時開催されている。新聞や就職サイトなどに広告が出ているので見逃さないようにしよう。

締め切りに間に合わず、応募できなかった企業でも、二次募集をする可能性がある。ホームページをまめにチェックしておきたい。

就職浪人はやっぱり不利？

CHECK POINT

**就職活動は最後まで
あきらめずに粘るべき**

□**できれば就職浪人は避ける**
就職浪人をすれば、多少なりとも就職は不利になる。

□**最後の選択にする**
いつまた志望先の企業が追加採用を発表するとも限らない。

□**失敗の経験を次に活かす**
何が原因で失敗したのか、よく反省する必要がある。

□**卒業か留年かを検討する**
卒業して中途採用枠をねらうか、留年して新卒枠をねらうか。

就職浪人は安易に決めてはいけない

内定がひとつももらえず、あるいは、もらえても就職を決めず、年度を越えて就職活動を継続する人はめずらしくない。その場合は、留年して、次の年の新卒の採用枠をねらう場合が多いが、アルバイトや家事手伝いをしながら、就職先を探すこともある。

志望先の企業からなかなか内定がもらえないような場合には、「就職浪人（留年）しようかな」と頭をよぎることもあるだろう。しかし、安易に決めてはいけない。「逃げ」の発想がいい結果を招くことはまずないからだ。

失敗の経験を次の年度に活かす

どのようなかたちで就職浪人をするにしろ、これまでの就職活動が思うように行かなかったということに変わりはない。どこをどのように失敗して、浪人しなければならなくなったのか、よく反省してみよう。

過去の失敗の経験が活かせなければ、同じことを繰り返しかねない。それでは、浪人する意味はないだろう。

少なくとも、前年と同じくらいの努力では、満足のいく結果は得られないことを覚悟しておかなければならない。

これからの進路を検討しよう

進むべき道を慎重に考える

まず就職浪人をする目的や理由は、はっきりしているだろうか。次の年に、さらに満足の得られる結果が出るという保証はどこにもない。人生の進路に関する決断は慎重にしなければならない。

●留年して大学に残る

過去の失敗の経験とそこから得たノウハウを活かして、再び新卒枠をねらう。卒業してしまうよりも、留年したほうが、一般的に、就職は有利といわれている。ただし、学費がかかることも計算に入れよう。

●大学院へ進学する

文系に限っていえば、大学院への進学は、研究職としてやっていければいいが、たいていの場合、一般企業への就職は不利になる。そのことを覚悟しておこう。

●卒業して浪人する

たとえば、「○年3月卒業見込みの方」と条件のついた新卒枠は無理なので、第二新卒・中途採用枠をねらうことになる。志望先の企業で、実績として認められるようなアルバイトをしながら、実務経験を身につけるのがベストだ。

●とりあえずどこかに入社する

キャリアとまでは行かなくても、ある程度の実務経験を身につけたうえで、第二新卒・中途採用枠をねらう。チャンスがあれば、ベストマッチの会社に転職できるだろう。

第二新卒とは、企業に就職してからおよそ1～2年目の若手社員や、卒業後まだ一度も仕事についた経験のない人のことをいう。

本書に関する正誤等の最新情報は、下記のＵＲＬをご覧下さい
https://www.seibidoshuppan.co.jp/support

※上記URLに記載されていない箇所で正誤についてお気づきの場合は、書名・発行日・質問事項（ページ数等）・氏名・郵便番号・住所・FAX 番号を明記の上、郵送か FAX で成美堂出版までお問い合わせ下さい。
※電話でのお問い合わせはお受けできません。
※ご質問到着確認後10日前後に回答を普通郵便またはFAXで発送いたします。
※ご質問の受け付け期限は 2025 年 4 月末日必着となります。

高嶌　悠人

慶応義塾大学法学部政治学科卒。新卒で株式会社電通に入社したのち、学生時代から興味のあった教育やキャリアの分野へキャリアチェンジ。キャリア・教育系ベンチャー企業のガクーに入社。その後、株式会社カイカを設立。

現在は、「カイカキャリアスクール」のスクール長として、主に、新卒学生・第二新卒の社会人のキャリアデザイン、就職や転職、キャリアチェンジのサポートを行っている。また、これらのサポート経験を活かし、企業の採用や育成のアドバイザー・コンサルタントとしても活動している。

著書・監修書に『転職の SPI＆一般常識』（一ツ橋書店）などがある。

ご相談・お問い合わせはこちらまで
info@caica.tokyo

編集協力／球形工房　　イラスト・本文レイアウト／イオック（井上秀一・大倉充博・恒川尚子）

こう動く！ 就職活動オールガイド ’26年版

2024年５月20日発行

監　修　高《たか》嶌《しま》悠《ゆう》人《と》
発行者　深見公子
発行所　成美堂出版
〒162-8445　東京都新宿区新小川町1-7
電話(03)5206-8151　FAX(03)5206-8159
印　刷　共同印刷株式会社

ISBN978-4-415-23845-6
落丁·乱丁などの不良本はお取り替えします
定価は表紙に表示してあります